KB021295

두려움 없는 리더십

두려움 없는 리더십

브렌던 P. 키건 지음 | 안세라 옮김

레몬한스푼

나를 두려움 없는 사람으로 길러준
어머니와 아버지 그리고 형제자매들에게,
나의 버팀목인 아내 데이나와
나의 아이들 케일리와 패트릭에게

"격변의 시대에 팀을 이끌기란 참으로 어렵다. 『두려움 없는 리더십』은 그 방법을 알려주는 놀랍도록 통찰력 있는 가이드다. 관리자라면 반드시 읽어야 할 책이다."

— 잭 브라운Zak Brown, 맥라렌 레이싱 리미티드 CEO

"브렌던은 경청하고, 도움이 되는 조언을 건네며, 투명하게 행동함으로써 팀원들이 최고 기량을 발휘할 수 있도록 동기를 부여한다. 그의 협력적 리더십은 자신만의 답이 아닌 모두의 정답에 도달하는 데 초점을 맞추고 있다."

— 올로프 베르크비스트Olof Bergqvist, 베인 캐피털 매니징 디렉터

"브렌던 키건은 스타트업부터 《포춘》 500대 기업에 이르기까지 모든 조직에 적용할 수 있는 유용한 비법을 알려준다. 메모와 함께 사고방식을 전환하도록 준비하라."

— 조나 버거Jonah Berger, 펜실베이니아 대학 와튼스쿨 마케팅학 교수, 세계적인 베스트셀러 작가, 『컨테이저스』, 『보이지 않는 영향력』의 저자

"나와 내 팀은 브렌던 키건과 함께 일하는 큰 행운을 누렸다. 이제 이 책을 통해 누구나 그의 통찰력, 창의성, 지혜를 접할 수 있게 되었다. 세상은 달라졌고, 리더는 진취적이고 성찰적이어야 하며 가장 중요하게는 두려움이 없어야 한다. 이 책은 브렌던이 모든 직급의 리더에게 건네는 지침서다."

— 폴 르블랑Paul LeBlanc, 서던 뉴햄프셔 대학교 총장

"많은 사람이 실력 또는 권한을 통해 리더의 자리에 오른다. 자격을 갖춘 사람이 리더가 되기도 하지만 자격이 없는 사람이 되는 경우도 있다. 하지만 사람들은 가짜를 금방 알아챈다. 이 책을 읽고 있다면 아마도 리더십 기술을 개발하는 데 큰 관심을 가지고 있을 것이다. 나는 브렌던과 함께 일하는 특별한 기쁨을 누렸다. 그의 멘토링과 리더십을 관찰하고 경험했다. 이 책을 통해 여러분도 실용적이고 실제적인 지침을 얻을 수 있을 것이며, 이를 적용하면 훌륭한 리더가 되는 명확한 길을 찾을 수 있을 것이다."

— 타이 쿨만Tye Kuhlman, 헤머스바흐 미주 어카운트 디렉터

"브렌던 키건은 이 책을 통해 의도치 않게 무의식적으로 뿌리내린 두려움·불확실성·의심을 극복하는 방법을 제시한다. 그리하여 독자들의 내면에 자리한 두려움 없는 리더의 모습을 일깨우도록 한다. 그는 특히 팬데믹 이후의 사회생활에서 우리가 유용하게 사용할 수 있는 몇 가지 획기적인 교훈을 전달하기 위해 자신의 30년 경력의 커리어 여정을 이 책에 풀어놓았다. 자신에게 투자하여 커리어를 한 단계 더 발전시키고 싶다면 반드시 읽어야 할 책이다."

— 커스틴 로즈Kirsten Rhodes, 딜로이트 LLP 샌프란시스코 대표

"리더십 여정에서 두려움을 기회로 활용하는 방법에 대한 브렌던의 통찰력은 이제 막 리더가 된 이들에게 특히 유용하다. 최고 수준의 팀을 만들고자 한다면 더욱 주목해야 할 것이다. 나는 그가 이러한 통찰력을 바탕으로 글로벌 팬데믹과 금융위기를 모두 겪은 작은 회사를 더 크고 훌륭하고 혁신적인 기업으로 성장시키는 모습을 직접 목격했다."

— 커크 호프만Kirk Hoffman, BNP파리바그룹 매니징 디렉터

"어려운 시기에 팀을 이끄는 일은 쉽지 않다. 하지만 브렌던 키건은 『두려움 없는 리더십』을 통해 그렇게 할 수 있는 쉬운 가이드를 제시한다. 이 책은 끊임없이 변화하는 오늘날의 모든 리더가 반드시 읽어야 할 책이다."

— 마리아 베일리Maria Bailey, Entrepreneur.com, 컨트리뷰터 네트워크 매니징 에디터

"리더십에 관한 한 브렌던 키건은 모두를 위한 리더의 전형이다. 그는 자신감, 지식, 지성, 공감을 바탕으로 모두에게서 최고의 능력을 끌어낸다. 이 책의 메시지를 받아들이면 리더십 자질을 더욱 향상시킬 수 있을 뿐만 아니라 다른 사람의 삶에도 가치를 더할 수 있을 것이다."

— 존 구드Jon Goode, KBK 스포츠 CEO

"브렌던 키건은 최고의 기준을 제시하는 몇 안 되는 리더다. 우리 회사의 변화와 지속적인 성공은 브렌던의 리더십과 조언에 큰 영향을 받았다. 그는 내가 오너로, 리더로, 한 인간으로 성장하는 데 도움을 주었다."

— 앤디 쇼너시Andi Shaughnessy, ExpressIt Delivery의 공동 오너 겸 CEO

"브렌던 키건의 글을 읽을 때마다 리더로서 최선을 다할 힘을 얻는다. 『두려움 없는 리더십』도 예외는 아니다. 그는 이 책에 이렇게 썼다. '올바른 토대와 도구가 갖춰졌다면 여러분은 두려움·불확실성·의심에 마음을 빼앗기지 않고 그것을 극복할 준비가 된 것이다.' 키건은 개인적인 이야기를 통해 통찰력 있고 생생한 팁을 전달한다. 그리하여 여러분이 두려움 없는 리더가 될 수 있도록 도와준다."

— 요니 스턴Yoni Stern, SITSystematic Inventive Thinking 비즈니스 부문 수석 부사장

"진정으로 삶을 변화시키는 책을 만나는 일은 흔치 않다. 이 책은 독자들에게 최고의 나 자신이 될 수 있는 실행 가능한 단계를 제시한다. 브렌던 키건의 책은 매우 개성 있다. 많은 성공을 거둔 후에도 겸손을 잃지 않는 그의 모습이 이 책에 숨겨진 또 다른 훌륭한 교훈이다."

— 브라이언 카메론Brian Cameron, 럿거스 대학 학생, 운동선수

"이 시의적절한 책의 메시지를 받아들이면 비즈니스에 가치를 더할 수 있을 뿐만 아니라 인생에도 가치를 더할 수 있다. 브렌던 키건은 두려움·불확실성·의심에 대해 이전의 어떤 교육적 시도보다도 더 현실적이고 간결하게 설명한다."

— 존 카일John Cail, 머천트 플리트 모빌리티 부문 수석 부사장

"브렌던 키건은 리더십을 탐구하는 모든 사람이 반드시 읽어야 할 이야기를 만들어냈다. 이 책을 읽고 최고의 리더로부터 배우길 바란다."

— 채드 건더슨Chad Gundersen, 〈선택받은 자The Chosen〉 프로듀서

"브렌던의 리더십 교육에 여러 차례 참석한 후, 그가 소개한 방법 몇 가지를 학교 교장으로서의 내 직책에 적용할 수 있었다. 브렌던에게서 얻은 지식은 PK-8 학교장으로서 성공하는 데 필요한 경쟁력을 키우는 데 도움이 되었다. 키건은 『두려움 없는 리더십』에서 이렇게 말한다. '우리는 누군가의 빛과 희망이 되는 길을, 비관론자들 사이에서도 긍정의 에너지를 주는 낙관론자가 되는 길을 선택할 수 있다.' 브렌던은 리더로서 발전하기 위해 자신의 강점을 인식할 수 있게 하는 도구를 제공했다. 이 점에 대해 끝없는 감사를 보낸다."

— 신디 클라크Cindy Clarke, 세인트 크리스토퍼 아카데미 PK-8 교장

"팬데믹 이후의 새로운 일상에 적응하는 것은 오늘날의 비즈니스 리더들이 직면한 어려운 과제다. 브렌던의 지침은 이 시기를 잘 극복하고, 팀을 새로운 차원으로 이끌 수 있는 올바른 방법을 알려준다. 반드시 읽어야 할 책이다."

– 크리스 리카타Chris Licata, 테크니카 그룹Tecnica Group 북아메리카 사장 겸 CEO

"브렌던 키건은 이론을 이해하고 가르칠 뿐만 아니라 리더십을 여러 번 실천에 옮긴 보기 드문 리더 중 한 명이다. 그렇기 때문에 리더가 되고자 하거나 리더십을 발전시키고자 하는 사람이라면 누구나 그의 책에서 얻을 수 있는 것이 많다. 브렌던의 두려움 없는 리더십 교육에서 얻는 지식은 나의 커리어 성장에 큰 도움이 되었으며, 그의 작업 덕분에 내가 얻을 수 있었던 모든 것에 대해 감사를 느낀다."

– 아만다 로저스Amanda Rogers, 머천트 플리트 마케팅 및 혁신 부문 부사장

"동료 CEO로서, 나는 하루빨리 이 책을 읽고 브렌던의 지식과 성공을 바탕으로 더 나은 리더가 되는 법을 배워 나의 커리어를 발전시키고 싶다."

– 존 넬슨Jon Nelsen, PlayHardLookDope CEO

"브렌던 키건은 자신이 배운 바를 공유함으로써 타인을 돕고자 하는 진심 어린 열망을 가진 성공한 CEO다. 이 책의 전략은 보편적이고 현실적이며 리더십을 수용하고 이해하는 데 있어 상식적인 접근방식을 제공한다. 개인적, 직업적 삶에 가치를 더하고 싶은 사람이라면 반드시 읽어야 할 책이다."

– 지닌 찰턴Jeanine Charlton, 머천트 플리트의 기술 및 디지털부 책임자, 수석 부사장

"브렌던은 개인의 성공을 유도한다. 그의 전략은 노력하는 사람들을 성공으로 이끈다. 실패에 대한 두려움, 혹은 성공에 대한 두려움을 없애면 하지 못할 일이 없다!"

– 숀 넬슨Shaun Nelson, PAL 내슈아 지사 전무이사

"키건의 『두려움 없는 리더십』은 우리 자신을 거울로 삼아 성공의 장애물을 의식적으로 인정하도록 한다. 우리의 발목을 잡는 요소가 무엇인지 이해함으로써 사고방식을 바꾸고 진정으로 두려움 없는 리더십을 발휘하는 데 필요한 자신감을 고취시킬 수 있다."

– 존 제라시John Geraci, LGA, LLP 매니징 파트너

"많은 사람이 훌륭하지는 않더라도 일을 잘하기 때문에 리더의 자리에 오른다. 뛰어난 본능과 지식은 있지만 리더십에 대한 경험이나 훈련이 없어 두려움·불확실성·의심을 가진 채 새로운 직책을 맡게 되는 경우가 많다. 오늘날의 두려움 없는 리더는 약점이 아닌 강점을 토대로 리더십을 발휘해야 한다. 이 책은 저자와 독자 간의 개인적인 대화처럼 느껴지며 실용적인 사례와 귀중한 지혜로 가득하다. 그의 코칭은 가장 불확실한 이 시기에 신예 리더가 자신의 목소리와 내면의 용기를 찾아 '확실한 결과를 도출'하는 데 도움이 될 것이다."

– 린다 브로더Linda Brodeur, 비숍 거틴Bishop Guertin 고등학교 교장

"브렌던 키건의 화려한 경력은 누군가를 이끌고자 하는 모든 이에게 영감을 준다. 그는 힘들게 얻은 교훈을 『두려움 없는 리더십』에서 영향력 있고 재미있는 방식으로 공유한다. 그의 개인적 경험과 가치관이 다른 유명한 리더들의 관찰과 조화를 이뤄 책을 다 읽고 난 뒤에도 오랫동안 기억에 남는다."

— 마이크 러시엘로Mike Russiello, HR Avatar, Inc. 사장 겸 CEO

"30년 전인 1994년, 나는 디자인팀 직원의 결혼식 피로연에서 브렌던 키건을 만났다. 그를 만난 순간 그가 정말 특별한 사람임을 알았다. 이야기를 나눈 지 1분 만에 그의 팔을 붙잡고 "내 딸을 소개할게요!"라고 말할 정도였다. 3년 후 브렌던은 내 딸 데이나와 결혼했고, 올해 두 사람은 결혼 27주년을 맞았다. 지난 몇 년 동안 나는 브렌던이 머천트 플리트에서 그랬던 것처럼 수익성 있고 성공적인 비즈니스를 만들고, 이끌며, 재구성하는 과정을 지켜보았다. 나는 그를 '나의 비즈니스 천재'라고 부른다."

— 마사 차일드Martha Child, MCI 사장 겸 CEO

"브렌던 키건으로부터 얻은 지식은 성공에 필요한 경쟁력을 키우는 데 큰 도움이 되었다. 『두려움 없는 리더십』에서 브렌던은 모든 규모의 회사를 이끄는 방법을 보여주며, 이는 개인 생활에도 그대로 이어진다. 리더십에 대한 브렌던의 정의는 다음과 같이 독특하고 명쾌하다. '리더십이란 공동의 목표를 달성하기 위해 사람들을 조직하고 책임을 받아들일 의지가 있는 상태를 말한다."

– 톰 바우처Tom Boucher, Great NH Restaurants, Inc. CEO

{ 감사의 말 }

그간 리더라는 이름으로 걸어온 길을 돌이켜봐도, 이 책의 구상부터 출간까지의 과정을 돌이켜봐도 정말 많은 분의 도움이 있었다는 생각이 든다. 우선 언제나 모든 일에 최선을 다하도록 독려해주고 꿈꾸는 것은 무엇이든 이룰 수 있다는 자신감을 심어준 부모님께 감사 인사를 전하고 싶다.

중학교 3학년 때 처음으로 용기 내 부모님께 지하실에 내 방을 만들어달라고 요청하기 전까지 나와 한방에서 동고동락했던 베스Beth, 세상을 사는 데 필요한 수많은 교훈과 하지 말아야 할 행동을 가르쳐준 폴Paul과 제이Jay에게도 고맙다는 말을 전한다.

30년 동안 곁을 지켜준 나의 아내이자 베스트 프렌드, 데이나Dana가 없었다면 이 책은 세상 밖으로 나오지 못했을 것이다. 처음 만났을 때부터 지금까지 데이나는 언제나 용감한 사람이었다. 인생이 호락호락하지 않은 순간에도 든든히 내 곁을 지켜주었고 나의 버팀목이 되어주었다. 내 딸 케일리Kaylie와 아들 패트릭Patrick도 빼놓을 수 없다. 모험을 사랑하는 케일리는 지금까지 스카이다이빙과 상어가 있는 바다에서 수영하기, 비행기 조종하기 등에 도전했고 지금은 다른 대륙에서 대학에 다니고 있다. 아무래도 내가 너무 많은 모험심을 심어준 것 같다. 아들 패트릭은 세상에서 가장 친절한 청년이며 운동을 할 때면 특히 그의 용감하고 대담한 모습이 도드라진다.

나는 가장 유능하고 똑똑한 분들로부터 귀한 멘토링을 받았다. 골프와 갬블링을 강력 추천해준 첫 번째 멘토 빌 드보란칙Bill Dvoranchik, 경험은 없고 패기 넘치는 아이디어만 있던 어린 나에게서 특별함을 발견하고 이끌어준 밸 라이언스Val Lyons, 인내심을 발휘해 나를 다듬어주고 실행력을 길러준 존 해리스John Harris, 위험을 감수하는 법과 리더십에 대해 일깨우고 나파 밸리 카버네 와인에 눈을 뜨게 해준 게리 무어Gary B. Moore, 세계적인 경영자의 모습이 무엇인지 보여준 게리 페르난데스Gary Fernandes에게 무한한 감사를 전한다.

다음으로, 내가 한 회사의 리더가 될 수 있도록 언제나 용기와 믿음을 불어넣어주는 25만 명의 직원과 수십만 뉴스레터 구독자, 관련 기사 구독자 여러분께도 감사의 인사를 전하고 싶다. 기사를 읽고 댓글과 '좋아요'를 남겨주시는 분들 덕분에 영감을 얻고 수만 마일 떨어진 곳에 있는 누군가의 짧은 글 하나로 더욱 열심히 살아갈 원동력을 얻는다.

마지막으로 나를 올바른 방향으로 나아가게 하고 더 나은 사람이 되도록 도와주는 포브스북Forbes Books 팀에게 고마움을 전한다.

왜 두려움 없는 리더가 되어야 하는가

두려움·불확실성·의심은
대량 살상 무기와 같다

이 책을 선택한 여러분을 환영한다. 인생에 찾아올 가장 큰 기회, '두려움 없는 리더'가 될 수 있는 기회에 대해 이야기하게 되어 진심으로 기쁘다. 그렇다. 여러분은 얼마든지 두려움을 극복할 수 있다. 그 여정은 내면에 자리한 FUD, 즉 두려움^{Fear} · 불확실성^{Uncertainty} · 의심^{Doubt}을 극복하는 것에서부터 시작한다.

FUD 중에서 두려움은 "조심해. 그러다 다쳐" "그렇게 해서 좋을 게 하나 없어"와 같은 말처럼 세상이 우리의 어깨 위에 얹어 놓은 감정이다. 불확실성은 "내가 그걸 할 수 있을지 잘 모르겠어" "위험해 보여"와 같은 말로 설명할 수 있다. 또한 의심은 "팀에 지원해보세요. 다만 경쟁이 치열해 합격을 장담하진 못합니다"처럼 확신을 꺾어버리는 요소다.

왜 우리는 살면서, 특히 어린 시절에는 더 자주 그런 말을 들을까? 사랑하는 사람들이 우리를 보호하기 위해 건넨 말은 사실 대부분 FUD에서 비롯되었다. 대학 치어리딩 팀에 입단하지 못한 자녀가 실망하는 모습을 본 부모는 조금이라도 상처를 덜 받길 바라는 마음으로 그 팀에 들어가는 일이 얼마나 어려운지를 장황하게 설명한다. 하지만 그것은 오히려 두려움·불확실성·의심을 심어주고 기회를 앗아가는 일이다.

그렇다면 FUD는 얼마나 강력할까? FUD는 사실상 대량 살상 무기와 같다. 잠시 정계를 떠올려보자. '네거티브 선거'라는 말을 들어본 적이 있을 것이다. 전국적으로 보내지는 다음 문구에 대해서도 생각해보자. "스미스에게 투표하는 것은 아이들에게 등을 돌리는 행위입니다." 스미스라는 후보는 정말로 아이들에게 나쁜 영향을 미칠까? 아마도 그렇지는 않을 것이다. 하지만 스미스와 경쟁하는 후보는 경선에 FUD의 요소를 심어놓는다. 자녀를 사랑하는 젊은 부모들이 스미스에게 표를 던지지 않길 바라기 때문이다.

그렇다면 그 발언의 근거는 무엇일까? 젊은 부모들이 선거 결과에 큰 영향을 미칠 수 있다는 연구 결과를 고려한다면 특정 후보가 어린이를 위하지 않는다는 메시지를 퍼뜨려 자신에게 유리하도록 표심을 사로잡는 것은 꽤 좋은 전략이 된다.

나는 부모가 되고 나서 모르는 것이 너무 많다는 사실과 내가 종종 내 부모님처럼 말한다는 사실에 깜짝 놀랐다. 그러다 보니 FUD가 위 세대에서 아래 세대로 계속해서 이어져 내려오는 게 아닌가 하는 생각이 들었다. 파란 눈이나 갈색 머리가 유전되는 것처럼 FUD 또한 의지와 상관없이 다음 세대로 전해진다는 말이다. 자녀를 두었다면 FUD가 유전된다는 사실에 동의할지도 모르겠다. 여러분의 말투가 어머니나 아버지 혹은 여러분을 돌봐주던 누군가의 말투와 꽤 비슷하다고 느껴지는 순간도 있을 것이다.

그러나 FUD를 극복하고 용감하게 나아간다면 리더가 될 수 있다. 30년간 커리어를 쌓으면서 나는 150여 개국에서 25만 명 이상의 훌륭한 직원을 만나는 행운을 누렸다. 회사 설립과 회생을 위해 투자자들이 나에게 맡긴 자금은 무려 70억 달러에 달했다. 훌륭한 고객사들을 만나 1,000억 달러 규모로 사업을 확장하고 수입원을 다각화하기도 했다.

나는 성공과 실패, 역경과 팀워크를 통해 비즈니스와 인생의 교훈을 많이 얻었다. 이제 내가 얻은 가장 큰 교훈을 여러분과 나누고자 한다. 괜찮은 팀과 훌륭한 팀, 평범한 성과와 뛰어난 성과, 승리와 패배의 차이는 리더십이라는 한 단어로 요약된다.

이 책을 쓴 이유는 간단하다. 사람들이 자신에게 내재된 두려움 없는 리더의 모습을 발견하고 자신만의 리더십 여정을 걸어갈 수 있도록 돕기 위함이다. 내 인생의 목표는 모든 사람이 FUD, 즉 두려움·불확실성·의심을 뛰어넘어 두려움 없는 리더십을 발휘하도록 돕는 것이다.

> **괜찮은 팀과 훌륭한 팀, 평범한 성과와 뛰어난 성과, 승리와 패배의 차이는 리더십이라는 한 단어로 요약할 수 있다.**

나는 사장 혹은 최고경영자로서 회사 여섯 곳을 이끌었다. 그런 나의 경험과 그동안 입증된 다양한 프로세스를 통해 여러분을 두려움 없는 리더가 되기 위한 여정으로 안내하겠다.

리더십의 정확한 의미는 무엇일까

리더십의 정의는 수백, 아니 수천 가지에 달할 것이다. 사람들은 대개 리더십에 대해 자신만의 생각을 가지고 있기 때문이다. 나는 리더십이 '공동의 목표를 달성하기 위해 사람들을 그룹으로 조직하고 책임을 받아들일 의지가 있는 상태'라고 생각한다.

조금 더 자세히 이야기해보겠다.

공동이란 전체에 속하거나 전체와 관련이 있음을 뜻한다. 예를 들면 여러 사람이 한 팀으로 힘을 합쳐 공동의 이익을 위해 일한다고 말할 수 있다. 공동은 시너지, 포용, 공생을 의미한다.

목표는 희망하거나 성취하고자 하는 것을 말한다. 나의 주요 목표 중 하나는 리더십을 전파하는 일이다. 목표는 야망, 포부, 구상, 꿈, 아이디어, 이상, 의도를 의미한다.

달성한다는 것은 노력을 통해 목표를 이루거나 끝까지 완수하는 것을 말한다. 예를 들면 누군가가 드디어 대학팀에 선발되는 쾌거를 달성했다고 말할 수 있다. 달성한다는 것은 노력을 기울여 무언가를 얻는 것, 쟁취하는 것, 만들어내는 것, 얻어내는 것, 해내는 것, 성취하는 것을 의미한다.

사람은 일반적으로 인간을 뜻한다. 이 책이 소설이나 공상 과학 서적이 아니라는 점을 고려하면 메리엄-웹스터 사전에 실린 이 첫 번째 정의는 다소 황당하지만 정확하다고 볼 수 있다. 사람은 인간, 사회, 공동체, 대중 또는 가족을 의미한다.

그룹은 일반적으로 하나의 단위로 묶을 수 있는 소수의 사람이나 물건을 의미한다. 주차장에 서 있는 자동차, 함께 여행을 떠난 사람들을 예로 들 수 있다. 그룹은 모임, 회동, 친목, 씨족, 파벌, 친목회, 팀, 태스크포스, 학교, 종파, 리그 등 굉장히 다양한 형태로 존재한다.

조직한다는 것은 물건이나 업무 혹은 사람을 특정한 방식으로 관리하는 것을 말한다. 어떤 사람에게는 그것이 곧 즐거움인 반면, 어떤 사람에게는 그것이 고된 노동이 되기도 한다. 하지만 이 덕목은 리더십에서 매우 중요한 부분을 차지한다. 조직한다는 것은 물건을 배치하고, 정리하고, 체계화하고, 수치화하고, 도표를 작성하고, 설계하고, 틀을 짜고, 전략과 계획을 세우는 일을 의미한다.

책임이란 사전에 합의된 바에 따라 어떤 일을 수행하는 것을 말한다. 또한 누군가가 보여준 신뢰나 확신에 걸맞은 어떤 일을 해내는 것을 의미한다. 책임은 리더십과 매니지먼트를 모두 포괄할 수 있다. 선거에서 투표하는 것처럼 자의에 의해 책임을 질 수도 있고, 매주 정해진 장소에 쓰레기를 내놓는 것처럼 타의에 의해 책임을 질 수도 있다. 책임은 선서, 서약, 약속, 합의 혹은 계약을 의미한다.

받아들인다는 것은 무언가에 대해 호의적인 의견을 갖거나 그것을 수용한다는 뜻이다. 고통스럽거나 어려운 일을 극복하고 견뎌낸다는 의미가 될 수도 있다. 하지만 그것을 받아들이면 앞으로 나아갈 수 있다. 받아들인다는 것은 확인, 승인, 인정을 의미한다.

의지란 자유의사에 따라 무언가를 하고자 하는 열망을 말한
다. 단순히 누가 시켰기 때문에 어떤 행동을 하고 있다면 리더십
보다 관리 능력을 더 많이 발휘하고 있다는 뜻이다. 시키는 대
로 하는 것이 나쁜 것은 아니지만 두 가지 개념을 혼동해서는 안
된다. 의지는 누군가 강요하지 않아도 어떤 일에 즉시 대응할 수
있는 능력을 갖추거나 그 능력을 보여주는 것이다.

지금까지 두려움·불확실성·의심과 리더십의 의미에 대해 알
아보았다. 이제 리더십이 중요한 여섯 가지 이유에 관해 이야기
해보겠다.

리더십이 중요한 6가지 이유

1. 대규모 퇴직으로 리더십 공백 발생했다

올해 미국에서만 근로자 약 400만 명이 은퇴하여 모두 합해
약 1,500만 년의 경력을 가진 근로자가 사라질 예정이다. 매일
다섯 시, 근로자 약 1만 명이 은퇴하는 셈이다. 대규모 퇴직으로
역사상 가장 큰 리더십 공백이 발생하고 있다.

2. 리더십은 커리어 성장의 가장 큰 기회다

CEO와 경영진은 리더십 공백을 매우 두려워한다. 《포춘》 선

정 100대 기업도, 이제 막 성장 가도를 달리기 시작한 중소기업도 성공적인 비즈니스 운영을 위해서는 강력한 리더를 필요로 한다. 지난 50년간 개인의 커리어 성장을 가속화하는 가장 큰 기회를 만들어낸 것은 바로 리더십 공백이었다.

3. 리더는 만들어지며 누구나 될 수 있다

타고난 리더는 없다. 다만 만들어질 뿐. 리더십은 매일의 결정이 모여 만들어진다. 리더가 되기로 결심했다면 누구든 리더가 될 수 있다.

4. 리더십은 차별화 전략이다

사람들은 남들과 구별되는 특별함을 원한다. 리더십이야말로 여러분이 찾던 차별화 요소가 될 수 있다. 내면에 잠재된 리더십을 발휘한다면 훨씬 더 많은 기회의 문이 열릴 것이다.

5. 리더십은 자신에게 주는 최고의 선물이다

리더십을 발휘하는 일은 고되지만 자신에게 줄 수 있는 가장 큰 선물이기도 하다. 리더십을 발휘해 팀을 이끌고 훌륭한 성과를 달성한 경험이 있다면 이해할 것이다. 리더십은 나의 꿈은 물론 다른 사람의 꿈까지도 이루게 하는 선물이다.

6. 리더 역할은 영향력을 배가시킨다

우리는 주어진 시간이 끝없이 늘어나기를 바라지만 이는 불가능하다. 하지만 리더가 되면 매일매일 자기 영향력을 배가시킬 수 있다. 사람들에게 리더십을 전파하고 영감을 불어넣는다면 성공의 물결이 더 큰 세상으로 퍼져나가는 데 일조하는 것이다. 온 마음을 다해 리더의 역할을 수행한다면 여러분의 영향력은 눈덩이처럼 불어날 것이다.

이제 두려움·불확실성·의심을 극복하고 두려움 없는 리더의 여정을 시작할 여러분을 뜨겁게 환영한다.

제1장

긍정의 에너지로
두려움을 떨쳐내라

우리 모두는 두려움 없이 세상에 태어났다. 어릴 적 우리는 헬멧 없이 스케이트보드를 탔고, 쉴 새 없이 동네 고카트(남녀노소 즐길 수 있는 간단한 구조의 일인용 차—옮긴이)를 몰았으며 안전띠도 매지 않은 채 뒷좌석에 앉았다. 심지어 비가 오는 날이면 물웅덩이로 뛰어들었다. 우리는 두려움·불확실성·의심 없이 그 모든 순간을 살았다. 순간에 충실했고 그때의 우리에게는 진정 그 어떤 두려움도 없었다.

하지만 시간이 흐르면서 우리에게도 두려움이 찾아왔다. "헬멧 써라" "그러다 감기 걸릴라" "그렇게 하면 위험해" "그러다 다치겠어" 우리를 보호하기 위해 건네는 다정한 말이지만 이 말들은 의도치 않게 우리 무의식에 뿌리내려 두려움을 싹트게 했다.

청소년기에 접어들면서 두려움은 불확실성으로 바뀌었다. 이 불확실성은 우리 머릿속에 수천 가지 경우의 수를 심어놓았다. '팀에 들어가지 못하면 어떡하지?' '시험을 망치면 어떡하지?' '날 싫어하면 어떡하지?' 보통의 인간은 확실한 것을 좋아하고 결과를 알고 싶어한다. 하지만 인생을 살다 보면 불확실성이 점점 커지고 그에 따라 두려움도 함께 자라난다.

우리 모두는 인생의 어느 시점에서 한 번쯤은 휘청거렸고, 그때의 휘청거림은 의심의 씨앗을 낳았다. '난 팀에 들어가지 못할 거야' '난 시험에 떨어지고 말 거야' '그녀는 나를 좋아하지 않아' 내가 의심에 대해 알게 된 사실 한 가지는 그 누구도 그것에서 자유로울 수 없다는 점이다. 전 세계의 위대한 지도자, 예술가, 운동선수들조차 가장 성공적인 순간에도 그들을 따라다닌 의심에 대해 말한다.

노벨상 수상자인 마야 안젤루Maya Angelou는 이렇게 이야기했다. "나는 지금까지 열한 권의 책을 썼다. 하지만 그때마다 매번 '아, 이제는 정말 온 세상이 다 알게 되겠구나, 내가 이제껏 세상을 상대로 농간을 부렸다는 사실을'이라는 생각이 들었다."[1]

빌 클린턴 전 대통령도 어렸을 때 자기 의심이 많았음을 인정하며 "나는 실패에 대해 매우 엄격한 기준을 가지고 있었다. 한 인간으로서, 학생으로서, 음악가로서 나는 내가 원하는 만큼 잘하지 못했다"라고 밝혔다. 그는 어느 정도의 자기 의심은 건강한 것이라고 말하면서도 "인생에서 지나친 자기 의심은 사람을 무력하게 만들 수 있다"[2]고 말했다. 그는 자기 의심에서 벗어나기까지 어머니의 공이 컸다고 밝혔다. 그의 어머니는 삶이 고단해도 매일 아침 미소를 지으며 일터로 나가 최선을 다해 하루를 살았으며, 장애물 또한 기회와 마찬가지로 우리 인생의 일부이니 굴하지 말고 앞으로 나아가야 한다고 가르쳤다고 한다.

두려움·불확실성·의심이 우리 안에 자리를 잡으면 실패에 대한 생각이 우리를 무력화시킬 것이다. "난 시도 안 할래" "그 수업 그만둘래" "이젠 그 사람이 싫어"처럼 실패에 대한 두려움은 시도하지 않으려는 마음으로 나타난다.

우리 기억 속에 남아 있는, 어린 시절 우리를 보호하기 위해 누군가가 건넸던 말들은 이제 자기 대화를 통해 자기 보호 모드로 전환한다. 허핑턴 포스트Huffington Post의 사장 겸 편집장인 아리아나 허핑턴Arianna Huffington은 자기 대화를 자신의 불쾌한 룸메이트라고 칭했다. 그녀는 다음과 같이 말했다. "누군가 우리 뇌에 부착할 수 있는 녹음기를 발명해 자기 대화를 전부 녹음해주면 좋겠어요. 그러면 부정적인 자기 대화를 멈추고 불쾌한 룸메이트에 맞서 싸우는 것이 얼마나 중요한지 깨닫게 될 거예요."[3]

우리는 실패에 관한 생각을 활용해 상처, 실망, 거절로부터 우리를 효과적으로 보호할 수 있다. 실패는 지극히 정상적이고 보편적인 일이다. 중요한 것은 실패가 삶을 지배하지 않도록 하는 것이다.

여러분은 두려움을 극복할 수 있고, 불확실성 속에서도 성공할 수 있으며, 의심의 문을 단단히 걸어 잠글 수도 있다. 여러분은 진정으로 두려움 없는 상태가 될 수 있다. 이제 그 방법을 알아보자.

두려움 극복은 마음 먹기에 달렸다

두려움 인식하고 관리하기

"아빠, 놀라지 마세요. 보드에서 떨어졌는데 아무래도 뇌진탕인 것 같아요."

"무슨 일이야? 괜찮니?" 나는 최대한 침착함을 유지하려고 애쓰며 케일리에게 물었다.

"캠퍼스에서 왼쪽으로 꺾이면서 기숙사로 연결되는 언덕 있죠? 제가 거기서 속도를 너무 내는 바람에….."

아이의 말에 집중하려고 애를 썼지만 나는 얼른 "보건실에 갔니? 헬멧 쓰고 있었어? 뇌진탕이 확실해? 안전한 보드를 속도가 빠른 보드로 바꾸는 게 아니었는데…"라고 말하고 싶어 애가 탔다. 그리고 케일리가 잠시 숨을 고르는 틈에 얼른 그 말을 내뱉어버리고 말았다.

전화기 너머로 케일리의 한숨 소리가 들렸다. "아빠, 저 그냥 넘어진 거예요. 괜찮아요. 별거 아니에요."

물론 케일리의 말이 맞다. 내 딸은 크게 다치지 않았고, 다행히도 의도치 않게 두려움을 심어줄 뻔했던 나의 말이 아이에게는 먹히지 않았다.

딸의 안전에 대한 내 두려움을 인식하고 나니 그것이 딸의 두려움이 되지 않도록 애쓸 수 있었다. 나라고 당장 온갖 보호 장비를 사다가 딸에게 안겨주고 싶은 마음이 없었겠는가? 마음은 굴뚝같았지만 그렇게 하지 않았다. 나는 나의 두려움이 케일리의 발목을 잡는 두려움의 씨앗이 되지 않도록 그것을 잘 다스렸다. 두려움을 인식하면 두려움을 관리하는 법을 배울 수 있다.

두려움의 존재 이유와 기원 이해하기

두려움이 존재하지 않는다고 말한다면 거짓말일 것이다. 두려움은 존재한다. 두려움이 존재하는 이유와 그것의 기원을 이해한다면 두려움을 극복하는 데 큰 도움이 될 것이다. 부모로서 우리는 의식적으로나 무의식적으로 무엇을 두려워해야 하고 무엇을 두려워하지 말아야 할지 행동으로 표출한다. 그리고 자녀는 그것을 그대로 습득한다.

> 두려움을 학습할 수 있다면, 두려워하지 않는 방법도 학습할 수 있다.

딸이 보드에서 떨어졌을 때 나는 반사적으로 일어날 수 있는 모든 일에 대한 두려움을 답습했다. 만일 내가 그러한 태도로 일관했다면 케일리는 보드를 타거나 위험을 감수하는 일을 두려워하게 되었을지도 모른다. 하지만 그것은 우리가 바라는 바가 아니다.

"일반적인 생각과 달리, 두려움은 선천적으로 타고나는 것이 아니라 시간이 지남에 따라 발달하는 것이다. 실제로 아기는 생후 8~12개월이 되어서야 처음으로 두려움을 표출하는데, 이는 새로운 사람이나 상황, 특히 낯선 이에게 보이는 반응일 때가 대부분이다. … 아기들은 안전한 공간이 아니라면 낯선 사람을 위협적인 존재로 판단할 가능성이 높다."[4] 사람이나 동물 또는 사물 그 자체만 두려움을 유발하는 것이 아니라 상황 또한 중요한 역할을 한다.

바네사 로부Vanessa LoBue 박사는 「우리는 어떻게 두려움을 배우나How We Learn to Be Afraid」라는 글에서 두려움은 주로 조건형성 또는 부정적인 경험을 통해 일평생 학습된다고 설명한다. 거미와 뱀에 대한 보편적인 두려움이 대표적인 예가 될 수 있다. 인간은 보통 거미와 뱀을 두려워하는데, 일부 연구자들은 이를 두고 우리가 위험한 포식자로부터 스스로를 보호하기 위해 본능적으로 이 두 가지를 두려워하도록 진화했다고 주장한다.

그러나 로부 박사 팀의 연구에 따르면 거미와 뱀에 대한 두려움은 환경을 통해 학습되는 것으로 나타났다. 연구진은 터치스크린을 통해 움직이는 뱀과 거미를 본 미취학 아동이 손을 뻗어 그것을 잡으려는 행동을 보인다는 사실을 확인했다. 아이들은 호기심을 보였을 뿐 두려워하지 않았다. 아이들이 관심을 보인 것은 뱀과 거미의 영상뿐만이 아니었다. 살아 있는 뱀, 거미, 햄스터와 상호작용할 수 있는 옵션이 주어지자 18개월에서 36개월 사이의 아이들은 작고 귀여운 털북숭이 햄스터를 가지고 놀듯 뱀과 거미에게도 마찬가지 반응을 보였다.

그렇다면 왜 이렇게 많은 사람이 뱀과 거미를 극도로 두려워하는 것일까? 햄스터를 악의 상징으로 여기거나 공격적이고 위험한 동물로 묘사한 영화를 본 적이 있는가? 아마도 없을 것이다. 그러나 거미와 뱀을 본질적으로 사악하고 위험한 동물로 묘사하는 이야기는 셀 수 없을 정도로 많다. 우리는 햄스터를 귀여워하고, 거미와 뱀을 두려워하는 법을 학습한다.

좋은 소식은 두려움을 학습할 수 있다면, 두려워하지 않는 방법도 학습할 수 있다는 사실이다.

매일 한 걸음씩 두려움에 맞서기

우리는 얼마든지 두려움을 인정하고 이겨낼 수 있다! 고백하건대 인생에서 내가 가장 두려워하는 두 가지는 아버지의 죽음과 고소공포증이다. 이것은 명확하고 현실적인 두려움이다. 아버지가 돌아가시면 남겨질 어머니와 누군가의 도움이 꼭 필요한 나의 여동생이 걱정된다. 아버지 없이 어머니와 동생이 어떻게 살아갈 수 있을까? 일평생 운전을 해본 적도 없는 어머니가 마트나 병원에 가야 할 땐 어떻게 해야 할까?

이 두려움을 극복하기 위해 우리 가족은 내 고향인 뉴햄프셔로 돌아가 어머니와 동생을 돌보기로 결정했다. 난 어머니와 동생이 홀로 남겨지지 않을 것이라는 확신 덕분에 두려움 대신 진정한 마음의 평화를 얻었다. 두려움을 인정하고 받아들이면 그것을 극복할 수 있다.

다만, 아직 고소공포증을 극복하지는 못했다. 솔직히 말하면 앞으로도 완전히 극복하기는 어려울 것 같다. 하지만 그것이 내 경험을 제한하는 걸림돌이 되기를 원치 않기에 나는 내 한계를 잘 인식하고 가능하면 그것을 뛰어넘으려고 노력 중이다. 아내가 임신 8개월이었을 때, 아내와 함께 샌프란시스코의 금문교를 걸어서 횡단하는 계획을 세웠다. 나처럼 고소공포증이 있는 사람에게는 쉽지 않은 도전이었지만, 임신 8개월인 아내가 해낸다면 나도 할 수 있으리라 생각했다. 아내는 금문교를 왕복 횡단하는 데 성공했고, 나 역시 중간에 돌아오긴 했지만 절반의 성공을 자랑스럽게 생각한다. 난 두려움에 맞섰고 전보다 더 긴 거리를 횡단했다. 다음번에는 조금 더 용기를 내 더 멀리 걸어갈 것이다.

아무것도 하지 않으면 두려움은 힘을 키운다. 조금씩, 매일, 한 걸음 한 걸음씩 두려움에 맞선다면 우리는 그것을 잠재울 힘을 키우게 될 것이다.

자신감과 신뢰가 불확실성을 이긴다

불확실성을 받아들이고 포용하기

"존, 앞으로 한 달 안에 신규 사업 두 가지를 시작했으면 좋겠어요. 둘 중 하나는 실패해도 괜찮아요."

우리 팀의 일원인 존 카일John Cail에게 건넨 이 말은 그를 불확실성의 파도 속으로 밀어넣었다. 존은 이렇게 대답했다. "사업에 착수하기 전에 수익성부터 확인해야겠네요."

내가 말했다. "수익을 내라는 게 아니에요. 우선 두 가지 사업을 시작하고 보자는 겁니다. 트럭 임대 시장 전망이 좋아 보이네요. 그것부터 시작합시다."

2주 후 존에게 임대용 트럭을 주문했는지 묻자 존은 이렇게 답했다. "일단 50대로 시작하려고 합니다. 확실한 계획도 없이 너무 많은 트럭을 발주하는 것은 무립니다. 점차 대수를 늘려나 가겠습니다." 실패해도 괜찮다는 말에도 그는 여전히 사업의 불확실성과 그것의 여파에 대해 걱정하고 있었다.

나는 존이 불확실성을 극복하고 빠르게 시장을 선점하지 못할 것을 알고 있었다. 어쩔 수 없이 강제적인 메커니즘을 만들어야만 했다. 나는 트럭 500대를 주문한 뒤 존에게 이렇게 말했다. "존, 이제 정말로 사업을 시작하세요. 트럭은 석 달 후에 도착합니다. 본격적으로 임대를 시작하기까지 3개월 남았네요."

존의 불확실성에 대해 조금 더 자세히 설명하자면, 당시 나는 존이 30년간 몸담았던 머천트 플리트Merchants Fleet라는 물류기업의 CEO로 갓 부임한 상황이었다. 존의 모든 불확실성이 아무런 근거가 없는 것이라고 말하고 싶지는 않다. 그는 나와 나의 리더십 스타일에 대해 잘 몰랐다. 그리고 나도 운송 업계에서 일한 경험이 전무했다(자세한 내용은 뒤에서 설명하겠다). 그러니 존이 내가 전문성을 갖추고 있다는 사실과 신규 사업 중 하나를 실패해도 자신이 해고되지 않을 것이라는 점을 어떻게 확신할 수 있었겠는가? 여기에서 오는 불확실성이 존의 행동을 마비시키는 두려움을 만들어낸 것이다.

그 결과 존은 불확실한 위험을 감수하고 성공할 확률보다 아무런 행동을 취하지 않고 실패할 확률을 더 높게 생각하게 되었다. 생각해보자. 존이 사업을 진행하지 않기로 결정했다면 실패확률은 100%가 된다. 실직할 가능성도 있었지만 그는 과감하게 방아쇠를 당기는 모험을 하지 않았다. 그만큼 의심과 불확실성과 위험은 힘이 세다. 그러나 우리는 얼마든지 그것을 극복할 수 있다.

불확실성은 불편함을 낳는다. 결과가 확실할 때 우리는 편안함과 자신감을 느낀다. 하지만 확실성이 불확실성에 자리를 내어주게 되면 불안하고 안절부절못하며 불편해지기 마련이다.

일생 동안 우리는 숱한 불확실성을 마주한다. 그때마다 불안과 초조함을 느끼며 사는 것을 택하겠는가, 아니면 불확실성을 받아들이고 포용하는 방법을 배우겠는가? 인생에서 불리한 패를 잡고도 끝내 승리를 거뒀던 적이 있다면 불확실성과 마주하게 될 때마다 그 순간을 떠올리자.

투명성·소통·신뢰의 놀라운 영향력

국제 자동차 프로 레이싱 대회인 포뮬러1[F1]에는 숨을 곳이 없다. 레이싱에 참여하는 이들의 일거수일투족이 24시간 내내 생중계되다시피 하기 때문이다. 경기 당일, 카메라는 모든 이들의 얼굴을 비춘다. 트랙 밖에서는 인터뷰 요청이 쇄도하고 촬영된 영상은 냉혹한 소셜 미디어 세계로 흘러들어간다. 넷플릭스에서는 이를 리얼리티 TV쇼로 제작하기까지 했다. 이토록 치열한 F1에서 7년 동안 단 한 번도 우승하지 못한 추락한 유명 팀을 이끄는 사람이 있다. 바로 잭 브라운Zak Brown이다.

전직 프로 레이서이자 성공한 기업가인 잭 브라운은 2016년 말 맥라렌 테크놀로지 그룹McLaren Technology Group(영국에 본사를 둔 모터스포츠와 스포츠카 제조 기업—옮긴이)에 전무이사로 합류해 2018년 4월 CEO로 취임했다. 그가 해결해야 할 과제는 만만치 않았다. 회사는 경영 논란에 휩싸여 있었고, 승리보다 패배하는 경기가 훨씬 더 많았으며, 명성은 땅바닥으로 추락한 지 오래였다. 비평가들은 브라운을 "장난감 기차 세트를 가지고 노는 10대 같다" "사탕 가게에 온 아이 같다" "말이 너무 많다"라고 평가했다. 그러나 이러한 혹평을 받으면서도 브라운은 기꺼이 사탕 가게에 온 아이의 역할을 자처했다.

일각에서는 월드 챔피언이자 맥라렌의 스타 드라이버인 페르난도 알론소Fernando Alonso가 맥라렌 레이싱의 진정한 실세라고 수군댔다. 논란이 일었지만 브라운은 이번에도 당황하지 않았다.

경영자이자 열렬한 스포츠 팬으로서 나는 잭 브라운이 맥라렌의 CEO로 성장하는 모습을 유심히 지켜보았다. 나는 컨스트럭터스 챔피언십 컵(F1의 컨스트럭터 중 한 시즌 동안 합계 최다 점수를 받은 컨스트럭터에게 수여하는 상—옮긴이)에서 맥라렌이 다시 정상에 오를 것이라고 확신하는 그의 자신감에 경외심이 들었다. 무엇보다 대단한 것은 자신감 있는 태도로 자신의 모든 팀원들을 독려하여 그들의 두려움과 불확실성과 의심을 불식시켰다는 점이다. 그의 비결은 이랬다.

나는 맥라렌 역사상 최악의 해에 합류했다. 팀원들의 사기는 땅바닥에 떨어져 있었고 신뢰도는 처참했다. 지난 6년간 나는 일종의 회전문 역할을 맡았다. 모두가 알다시피 내가 맡은 팀은 전반적으로 매우 불안정한 상태였기 때문에 어떻게 상황이 이 지경에 이르게 되었는지 파악하는 것이 급선무였다. 나는 강력하고 일관된 리더십의 부재가 투명성과 소통의 상실로 이어졌고, 그것이 다시 신뢰 부족을 낳아 몰락의 원인을 제공했다고 판단했다.

내가 가장 먼저 해야 할 일은 무너진 신뢰를 회복하기 위해 탁월하고 투명하게 소통할 수 있는 이들로 팀의 요직을 구성하는 것이었다. 처음에는 소통에만 너무 집착하는 게 아닌가 하는 생각이 들기도 했지만, 모든 팀원이 우리 현주소와 나아갈 방향, 그리고 그 방법을 인지하도록 하는 것이 중요했다. 나는 진실을 가려내기 어려울 때도 팀 리더들에게 투명성을 강조했다. 사람들은 서로 다른 시기에, 서로 다른 방식으로 신뢰를 회복하기 때문에 팀 리더들이 원칙을 지키고 지속적으로 행동하고 대화하는 것이 중요했다.

그다음으로는 모든 사람이 신뢰할 수 있도록 목표를 수치화했다. 잘못이나 오류가 발생하면 누군가가 의도적으로 실수를 저질렀다고 여겨 비난부터 할 만큼 불안과 불신의 뿌리가 깊었다. 나는 이러한 사고방식을 바꾸기 위해 실수는 누구나 할 수 있으며, 실수는 실수일 뿐이라는 인식을 모두에게 심어주고자 했다. 우리는 결국 한 팀이기 때문이다. 우리 모두가 두 대의 레이스카 뒤에서 함께 일하고 있음을, 승리도 패배도 함께할 것임을 깨닫게 해줄 필요가 있었다.

점차 신뢰가 회복되는 것이 눈에 보였다. 사람들은 다시 나와 소통하기 시작했다. 팀원들에게 전달사항을 말한 뒤 질문이 있는지 물으면 손을 들어 의견을 말했다. 나에게 이메일을 보내거나 내 방문을 두드리기도 했다. 그때부터 팀 문화가 본격적으로 변하기 시작했다.

소통이 매우 중요한 것은 맞지만 대규모 조직에서는 그것이 쉽지 않을 수 있다. 전 직원을 대상으로 이야기하다 보면 개인 차원에서 소통을 기대하기는 어렵다. 그래서 나는 보다 친밀한 환경에서 소통하기 위한 기회를 만들었는데, 그중 하나가 바로 채텀 하우스 룰^{Chatham House Rule}(토론의 내용은 발설하되 발언자는 물론 참석자의 신분도 공개하지 않는 원칙 - 옮긴이)이다. 일주일에 한 번씩 최대 20명의 팀원이 나와 함께 회의에 참석해 해결해야 할 문제나 제안하고 싶은 사항을 자유롭게 논의할 수 있다.

이 정도 규모에서 소통은 사소한 부주의로 발생하는 부정적인 경험을 뒤집는 데 도움이 될 수 있다. 맥라렌에는 직원들을 위한 운동시설이 있다. 채팀 하우스 룰 회의 중 한번은 야간 근무자가 자신은 저녁 7시부터 새벽 5시까지 근무하기 때문에 오전 9시부터 오후 6시까지만 운영하는 체육관을 사용할 수 없다며 불만을 토로했다. 주간 근무자들은 한 번도 생각해보지 못한 부분이었다. 나는 직원의 건강과 안전을 위해 체육관을 24시간 개방하는 데 드는 비용을 조사했고, 이제 야간 근무자들도 다른 직원들과 똑같이 체육관을 이용할 수 있게 되었다.

체육관 이용에 대한 문제는 사소한 일이었지만 야간 근무자들은 그동안 자신들에게 신경을 쓰거나 귀 기울이는 사람이 아무도 없다고 느껴 부정적 감정을 품게 되었고, 그것은 조직 분열의 원인이 되기도 했다. 신뢰와 격의 없는 소통이 없었다면 체육관 이용에 대한 대화도, 해결책도 없었을 것이다.

투명성, 소통, 신뢰는 서로 얽히고설켜 있다. 지속적으로 투명성을 높이고 적극적으로 소통한다면 팀을 하나로 결속시켜 공동의 목표를 향해 나아가기 위한 신뢰를 쌓을 수 있다.

원하는 결과와 목표에 집중하기

브라운의 거침없는 리더십 덕분에 맥라렌은 2012년 이후 단한 번도 경험하지 못했던 성공적인 결과를 만들어내기 시작했다.

먼저 2019년, 맥라렌은 빅 3를 제외한 '나머지 팀 중 최고'로 자리매김했다. 브라질에서 3위를 차지하며 5년 만에 처음으로 포디움에 올랐다.

2020년에는 카를로스 세인즈Carlos Sainz와 란도 노리스Lando Norris가 더블포디움을 기록해 맥라렌이 중상위권 경쟁자를 제치고 3위로 올라섰다.

2021년에는 마침내 대니얼 리카도Daniel Ricciardo와 란도 노리스가 이탈리아 몬차에서 그해 모든 팀 중 유일하게 원투피니시를 기록하며 2012년 이후 처음으로 우승을 거뒀다.[5]

잭 브라운과 마찬가지로 나 또한 해결해야 할 문제가 산더미처럼 쌓인 회사에 투입된 임원이었다. 내가 맡은 임무 중 하나는 직원들의 두려움과 불확실성을 해소해 고객에게 더 나은 서비스를 제공하도록 하는 것이었다. 나는 회사를 회생시키기 위해 막중한 책임을 안고 전력을 다해 직원들에게 헌신했다. 또한 처음부터 목표를 달성하기 위한 방법을 논하는 대신 불확실성을 자신감으로 대체하는 것에 중점을 두고자 했다.

인생에서 불확실성과 마주했을 때, 다음 세 단계를 기억하자.

- 첫째, 원하는 결과에 집중하자. 그러면 그것을 이룰 확률이 50% 더 높아진다는 연구 결과가 있다.
- 둘째, 원하는 결과를 얻을 방법을 결정하고 구체적인 행동 계획을 하나하나 세우자.
- 셋째, 목표를 달성하기 위해 꼭 해야 하는 일에 전념하자.

원하는 결과를 머릿속에 명확히 그려보고, 매일 해야 하는 일을 완수하는 데 정신적 에너지를 쏟으면 성공으로 향하는 길을 환히 밝힐 수 있을 것이다.

발전과 전진을 가로막는
의심의 정체는?

의심은 불확실성의 사악한 쌍둥이

승리와 패배의 차이는 대부분 중도에
그만두느냐 그렇지 않느냐에 달려 있다. – 월트 디즈니

월트 디즈니는 한때 의심 앞에 무릎을 꿇고 백기를 들 뻔한 적이 있다. 그는 초기 사업이 실패로 돌아가면서 엄청난 빚더미 위에 앉았지만 그의 상상력과 열정은 결코 꺾이지 않았다. 월트 디즈니는 계속해서 애니메이션 영화에 몰두했고, 끝내 미키마우스를 탄생시켰다.

그렇다면 미키마우스는 단숨에 성공을 거둔 것일까? 그렇지

않다. 미키마우스를 영화화하려면 자금이 필요했고, 그에게는 그럴만한 여력이 없었기에 은행 대출이 불가피했다. 첫 번째 은행은 디즈니와 미키마우스의 성공 가능성을 의심하며 대출을 거부했다. 300곳이 넘는 은행의 문을 두드려보았지만 결과는 마찬가지였다. 무려 300곳이라니 놀랍지 않은가![6]

하지만 그는 모든 의구심을 뒤로하고 미키마우스를 스크린에 올리는 데 성공했고, 결과는 우리 모두가 아는 것처럼 대성공이었다.

두려움의 길목에서 가장 먼저 우리의 문을 두드리는 것은 불확실성이다. 불확실성을 마주하고 나면 곧이어 의심이 뒤따른다. 두려움과 마찬가지로 불확실성과 의심은 조건형성과 부정적인 경험에서 비롯된다.

과거의 경험에 비추어볼 때 디즈니는 미키마우스의 성공을 확신할 수 없었고, 그것은 은행도 마찬가지였다. 디즈니는 확고한 의지로 불확실성을 해소하고자 했지만, 그가 대출을 요청했던 은행들은 '이 사업은 성공하지 못할 수도 있다'는 불확실성을 '이 생쥐가 성공할 리 없다'는 확신으로 바꾸었다. 하지만 불확실성과 의구심을 이겨내고 계속해서 은행의 문을 두드

> 의심은 인생의 일부다.
> 관건은 그것을 어떻게
> 관리하느냐다.

린 월트 디즈니의 회복탄력성은 마침내 그를 의심에 사로잡히지 않고 기꺼이 위험을 감수하겠다는 은행가와 만나게 했다.

모든 의심이 디즈니만큼의 인내심을 필요로 하는 것도, 성공 여부를 결정짓는 시나리오가 되는 것도 아니다. 하지만 '어떻게 이게 잘못될 수 있지? 이게 안 되면 어떻게 하지?'라는 생각은 의심의 씨앗이 되어 발전을 가로막을 수 있다.

대부분의 경우 그러한 생각은 선택이나 강제에 의해 변화를 맞닥뜨릴 때 발생한다. 내가 가족과 함께 부모님 댁 근처로 이사하기로 결정한 것은 '선택'이었고, 30년 동안 같은 방식으로 일했던 존이 완벽하게 준비된 상태에서만 일을 시작할 수 있다는 생각을 극복해야 했던 것은 '강제'였다.

여러분은 다른 회사의 입사 제안을 수락하고, 현 직장 상사에게 사직서를 제출하면서도 한편으로는 '난 여기서 성공했어. 사람들은 나를 좋아해. 떠나지 않는 게 좋겠어'라고 생각할지도 모른다.

자녀가 처음으로 스쿨버스를 타는 날, '집에 오는 버스를 제대로 타지 못할 거야'라는 생각이 들 수도 있다. 불확실한 상황에서 순간적으로 의심이 드는 것은 지극히 자연스러운 일이다. 의심은 심지어 성공을 경험한 상황에서도 일어난다. 그러니 의심이 생긴다고 걱정할 건 없다. 의심은 인생의 일부다. 관건은 그것을 어떻게 관리하느냐다.

실패의 시나리오 대신 성공의 이유 찾기

여러분이 프레젠테이션을 앞두고 있다고 치자. 지금까지 수십 번도 더 해본 일이다. 하지만 연단에 올라가기 직전에 이런 생각이 든다. '완전히 얼어붙어서 아무 말도 못 하게 될 거야. 그렇게 될 게 분명해.'

나는 세계 유수의 기업에 트레이닝 프로그램, 고부가가치 컨설팅, 임원 코칭을 제공하는 벨로시티허브velocityHUB라는 회사를 세워 다양한 사람을 만나며 지속적인 성공에 의구심을 품는 사례를 숱하게 목격했다. 특히 경영진이 이미 성공했는데도 그 성공을 지속할 수 있을지 의구심을 품는 것을 보면 놀라움을 금할 수 없다.

지난 한 해 동안 큰 성공을 거둔 기업의 경영진을 이듬해 1월에 만났는데, 그들은 올해도 지난해처럼 성공적인 한 해를 보낼 수 있을지 의구심을 품고 있었다. 나는 기쁜 마음으로 성공뿐만 아니라 그것을 뛰어넘을 기회가 있다고 말했지만 그들은 이렇게 답했다. "그건 작년 이야기죠. 올해도 그럴 거라는 보장은 없지 않습니까."

"작년 실적이 재작년 실적보다 더 낮지 않았나요?" 나의 물음에 그들은 고개를 끄덕였다. 내가 "올해는 더 나아질 거라고 생각하지 않으세요?"라고 묻자 그들은 그 즉시 실패의 원인이 될 만한 시나리오를 조목조목 늘어놓았다. 그러면서 "주요 고객층을 잃으면 어쩌죠?"라고 물었다.

"현재 고객과의 관계는 어떤가요?"

"아, 현재는 매우 좋습니다. 우리 회사에 대한 고객의 만족도가 아주 높아요."

이러한 대화를 나누면서도 그들은 성공할 수 있는 이유보다 성공할 수 없는 이유를 더 많이 늘어놓았다. 나는 성공이 계속될 수밖에 없는 이유와 그 방법에 초점을 맞춰 대화를 이끌어나갔고, 대화를 시작한 지 한 시간이 지날 무렵 성공에 대한 이들의 의심은 '올해는 최고의 해가 될 것!'이라는 생각으로 바뀌어 있었다.

의심 극복의 힘, 회복탄력성과 정신력을 기르자

의심을 관리하려면 회복탄력성과 정신력이 필요하다. 의심은 예고 없이 찾아오기 때문에 이 두 가지를 길러 그것에 대비해야 한다. 다음은 내가 회복탄력성과 정신력을 기르는 데 효과가 있다고 생각하는 몇 가지 방법이다.

운동

조건형성만 잘 된다면 운동은 정신력을 강화하는 가장 강력한 도구가 될 수 있다. 많은 이들이 그룹 운동을 하는데, 나는 그런 사람들이 정말 부럽다. 나는 혼자서 땀흘려 운동하면서 어떤 하루를 보낼지 생각하기를 좋아한다. 즐거우면서도 강력한 동기부여가 되는 운동 유형을 선택한다면 가장 성공적으로 운동을 지속할 수 있다.

독서

독서와 사색을 통해 복잡한 일상에서 벗어나 알찬 시간을 보내자.

기도 또는 명상

기도나 잠시 마음을 다스리는 명상의 시간을 가지면 의심이 해소되고 영적으로 충만해질 수 있다.

영양 섭취

몸에 좋은 영양소를 골고루 섭취하여 신체 에너지 레벨을 높이는 것은 건강을 유지하기 위해 선택할 수 있는 가장 중요한 실천방법이다.

가족

따분한 일상에서 벗어나 자신에게 가장 중요한 것이 무엇인지 생각해봄으로써 삶의 우선순위를 재설정하고 상황을 더욱 명확하게 바라볼 수 있다.

감사

감사를 실천하고 매 순간 긍정적인 태도를 유지하면 스트레스가 줄어들고 머릿속을 좋은 감정으로 채울 수 있다.

수면

우리는 모두 휴식이 필요하다. 특히 힘든 시기를 겪고 있다면 더더욱 그렇다. 하루 일곱 시간에서 여덟 시간가량 수면 시간이 보장되어야 한다.

회복탄력성과 정신력을 기르기 위해 어떤 도구를 사용하든 일관성을 유지하는 것이 중요하다. 이러한 노력을 통해 의심을 해소할 수 있을지 누가 알겠는가? 오랫동안 조던의 코치로 일했던 팀 그로버Tim Grover는 마이클 조던이 다음과 같은 행동을 했다고 밝혔다.

"여러분은 매 경기 전, 마이클 조던이 혼자서 고개를 숙이고 껌을 씹으며 자기 자신과 사적인 대화를 나누는 모습을 보았을지도 모르겠습니다. 도전적인 과제 앞에서 우리가 긴장하는 것처럼 조던도 마찬가지였습니다. 하지만 그는 자신이 최고의 기량을 발휘할 것이라고 믿어 의심치 않았습니다."[7]

코트에서 자기 능력을 의심한 적이 있느냐는 질문에 조던은 '전혀' 없다고 대답했다. 왜일까? 조던은 이렇게 말했다. "저는 제 실력에 자신이 있기 때문에 두려움을 느껴본 적이 없습니다. 저는 지금까지 최선을 다했습니다."[8]

조던은 코트 위에서 자신의 실력에 대한 의심을 떨치고 두려움 없이 슛을 쏠 수 있었다. 그런 조던도 두려워하는 것이 있다면? 바로 뱀이다!

올바른 토대와 도구가 갖춰졌다면 여러분은 두려움·불확실성·의심에 마음을 빼앗기지 않고 극복할 준비가 된 것이다.

실패의 두려움을
동기부여의 기회로

실패에 대한 두려움을 극복하려면

1970년 4월 13일, 잭 스위거트Jack Swigert(아폴로 13호의 사령선 조종사—옮긴이)가 말했다. "휴스턴, 문제가 발생했다." 인간의 달 착륙 시도를 비웃기라도 하듯, 스위거트를 비롯한 아폴로 13호 크루들은 심각한 기계 고장을 겪었다. 멀리 떨어진 지구의 나사 NASA 지휘본부에서 교신하던 모든 직원이 식은땀을 흘렸을 순간이다.

그때의 두려움을 단순히 실패에 대한 두려움이라고 단정 지을 수는 없다. 수년간의 노력, 수백만 달러에 달하는 투자, 무엇보다 우주비행사 세 명을 무사히 귀환시키는 일이 걸려 있었기 때문이다. 물론, 오늘날 우리는 당시 그 누구도 두려움에 굴복하지 않았다는 사실을 알고 있다. 포기하거나 두려움에 떠는 대신, 지구로부터 20만 마일 떨어진 곳에서 발생한 위기를 극복하기 위해 해결책을 구상하고 설계함으로써 역사상 가장 위대하고 창의적인 해결책을 내놓았기 때문이다.

아폴로 13호만큼은 아니더라도 우리는 누구나 인생의 어느 시점에서 실패의 두려움을 겪는다. 하지만 그렇다고 해서 모두가 똑같은 시선으로 실패를 바라보는 것은 아니다. 우리 중 일부는 실패를 결과와 연관시킨다. 어떤 실패가 결국에는 원하는 직업을 갖지 못하거나 기대에 부응하지 못하는 결과로 이어지리라고 생각하는 것이다.

그러나 실패에 대한 두려움, 그리고 스트레스와 불안을 다른 시각으로 바라볼 수도 있다. 두려움을 원동력 삼아 전 세계인이 인정할 만한 엄청난 업적을 달성하고 개인 혹은 집단으로서 인간의 번영에 기여한 사례도 있다. 실패에 대한 두려움을 기회로 바라보는 일은 얼마든지 가능하다.

해결과제를 목록화하라

회사 기술 부서에 문제가 생겼다. 90일 안에 문제를 해결하지 않으면 가장 큰 고객사가 계약을 해지하겠다고 통보한 것이다. 엎친 데 덮친 격으로 해당 부서는 3개월 연속 적자를 기록하고 있었다. 이런 일련의 상황은 내가 기술부 부장으로 막 회사에 들어왔을 때의 일이다. 여러분은 아마 '누가 그 역할을 맡으려고 하겠어?'라고 생각했을지도 모르겠다. 하지만 내 생각은 간단했다. '막다른 골목에서 오히려 묘수가 생기는 법이지. 내가 그 역할을 맡아야겠어.'

사실 실패가 뻔히 보이는 상황이었다. 기술부 팀장들과 가진 첫 회의에서 나는 90일 안에 문제를 해결하기 위해 이곳에 왔다고 말했다. 회의는 직무별 책임자가 차례로 나와 이야기하는 공개 토론 방식으로 진행되었고, 그 덕분에 나는 상황을 파악하기 시작했다. 그때 현장 작업을 담당하는 다섯 번째 책임자가 대놓고 이렇게 물었다. "브렌던, 기술부 현장 운영에 대해 아는 게 좀 있습니까?"

내가 대답했다. "좋은 질문이네요. 현장 서비스를 제공하는 기술 회사를 운영해본 적은 없습니다. 다만 90일 안에 문제를 해결하지 못하면 계약을 해지하겠다는 통보도 받아본 적이 없습니다. 3개월 연속 적자를 기록한 경험도 없죠. 한 가지 더 얘기하자면 저는 여러분과 함께 거래처의 계약 해지나 더 이상의 적자를 경험할 계획도 없습니다. 반면, 저는 위기에 처한 비즈니스를 정상화시킨 경험이 있습니다. 우리는 90일 안에 서비스를 정상화하고 60일 안에 수익을 창출할 것입니다. 제가 파악해야 할 것은 여러분이 저와 함께할 준비가 되었는가입니다. 해낼 수 있다는 제 생각에 의구심이 든다면 앞으로 나와 그 이유를 이야기해주시기 바랍니다."

회의를 마치고 우리는 고객·제품·서비스·운영·인력·재무 등에 관한 전반적인 상황을 파악하기 위해 일종의 업무 흐름을 만드는 작업에 착수했다. 우선 업무별로 24시간 안에 가장 중요한 과제 5개를 선정하도록 명확한 가이드라인을 제공했다. 나는 이 방식으로 업무에 착수할 때가 많다. 해결 과제를 목록화하는 일은 누구나 쉽게 할 수 있고, 문제 인지에 효과적이며, 직원들 간에 문제에 대해 허심탄회하게 이야기할 수 있는 환경을 만들기 때문이다.

다음날, 우리는 각 팀이 제출한 모든 과제를 함께 검토한 뒤 한 가지를 골라 24시간 안에 해결하기로 했다. 이 과정을 통해 하나씩 과제를 해결하다 보니 흑자 전환을 위해서는 기술자 한 명당 하루 평균 2.3건의 작업을 처리하던 것에서 평균 3.0건의 작업을 처리해야 한다는 결론이 나왔다. 18%의 기술자가 기대에 못 미치는 서비스를 제공하고 있었고, 그 때문에 주 고객사의 전반적인 만족도가 떨어지고 있다고 판단했다. 출근 넷째 날, 나는 '바로잡기' 계획에 대해 설명했다.

긍정적인 태도로
해결책에 집중하는 '바로잡기'

10년 이상 부실기업 재건 전문가로 일하면서 위기에 처한 회사를 정상화하는 방법을 고안해냈다. 나는 이 방법을 '바로잡기'라고 부르는데, 간단히 말하면 모든 일에서 부정적인 면보다 긍정적인 면에 집중하는 방식이다. 문제가 있는 부분은 애써 찾아보려 하지 않아도 쉽게 눈에 띄는데, 어쩐 일인지 사람들은 그것에 대해 이야기하기를 좋아한다.

"시장은 얼어붙었고 영업팀은 갈피를 못 잡고 있습니다. 가격 압박도 심하고 해외시장 때문에 받는 타격노 만만치 않아요." 물론 이는 틀린 말이 아니다. 하지만 일이 잘 풀리지 않을 때 문제에만 집중하면 그 상황에서 벗어나기 힘들다. 문제를 바로잡을 수 있는 방안에 집중하고 앞으로 나아가야 한다.

"신규 시장 발굴과 영업팀 교육에 힘써야 합니다. 효율성을 높여 판매가를 5%가량 인하하는 게 좋겠습니다. 글로벌 시장에서 경쟁력을 갖춰야 합니다." 팬데믹처럼 어려운 시기에 성공하려면 위의 주장처럼 상황을 제대로 파악하는 것이 우선이다. 부정적인 생각은 도움이 되지 않는다. 긍정적인 태도로 해결책에 집중하는 것이 바로잡기의 기본이다.

월요일부터 각 기술자는 80% 이상의 업무 처리율 달성과 하루 평균 3.0건 이상의 작업을 완수해야 한다. 팀원 모두가 찬성한 것은 아니었다. 일부는 불가능하다고도 말했다. 회의를 시작하면서 나는 네 장짜리 파워포인트 슬라이드를 보여주었다.

슬라이드 1: 문제 발생

진정성 있는 태도와 솔직함, 공감을 바탕으로 서비스 이슈와 수익성에 대해 설명했다.

슬라이드 2: 하루 평균 3.0건의 작업 처리

작업량 부족으로 손실이 발생하고 있으며 월요일부터 각 기술자가 하루 평균 3.0건 이상의 작업을 처리하게 될 것이라고 설명했다. 판단을 배제하고 사실에 근거해 현실적인 조언을 내놓기 위해 노력했다.

슬라이드 3: 업무 처리율 80%

모든 기술자의 업무 처리율이 80% 이상에 달해야 한다고 말했다. 오해 소지가 없는 명확한 메시지였다.

슬라이드 4: 해피 아워happy hour

화면에 칵테일 사진을 띄우고 60일 뒤에 해피 아워를 가질 것이라고 말했다. 목표 달성에 성공하면 앞으로 열릴 새로운 미래를 위해 축배를 들게 될 것이다. 목표 달성에 실패하면 회사는 문을 닫고 우리는 작별 인사를 나누게 될 것이다. 물론 나는 직원들에게 담대하고 새로운 미래를 기대하고 있다고 말했다.

결론부터 말하면 기술자들은 목표 달성에 성공했다. 하루 평균 3.2건의 작업을 처리하고 업무 처리율도 80% 이상으로 끌어올렸다. 회사는 흑자 전환에 성공했고 고객 만족도도 높아졌다. 기술자들은 어떻게 지난 몇 년간 할 수 없었던 일을 단 60일 만에 해낼 수 있었을까? 그것은 바로 실패에 대한 두려움을 기회로 활용했기 때문이다. 우리는 실패에 대한 두려움을 동력 삼아다시 일어섰다. 리스크가 굉장히 컸기 때문에 두려움·불확실성·의심이 비집고 들어올 틈이 없었다. 직원들은 각자의 역할을 잘 알고 있었고 많은 임무를 성실히 이행했나.

나는 하드 드라이브나 메인보드 혹은 고장 난 회로 기판을 고쳐본 적이 없다. 내가 한 일은 작업을 처리한 것도, 업무 달성률을 높인 것도 아니다. 직원들이 두려움·불확실성·의심을 떨쳐낼 수 있도록 과감하게 행동했을 뿐이다.

두려움 없이 산다는 것

소방관이 화염 속으로 뛰어들 수 있는 이유

벨이 울린다. 장비를 챙겨 트럭에 올라타고 최대한 신속하게 화재가 발생한 건물로 달려간다. 하지만 화재의 이면에는 무엇이 있는지 알 수 없다. 기름에 의한 화재인지, 마약 제조 시설에서 난 화재인지, 가스탱크가 폭발하기 일보 직전인 상황인지 알지 못한다. 건물 안에 사람이나 반려동물이 있는지조차 알기 어렵다. 불확실성·의심·위험의 목록은 끝이 없다. 그럼에도 소방관들은 언제나 현장으로 달려간다. 두려움을 떨쳐내고 위험을 무릅쓰는 것이 이들의 임무다.

소방관들이 두려움을 떨쳐내고 위험에 맞서 맡은 임무를 완수할 수 있는 것은 육체적, 정신적으로 준비되어 있기 때문이다. 준비되지 않은 채 화염에 휩싸인 건물에 뛰어드는 것은 두려움 없이 사는 것이 아니라 어리석게 사는 것이다. 강인한 리더는 그 차이를 안다.

나는 영광스럽게도 소방관을 대상으로 리더십 코칭 강연을 한 적이 있다. 강연 중 내가 생사를 위협하는 불길 속으로 거침없이 뛰어들고 어떤 난관에도 굴하지 않고 인명을 구하는 소방관들의 능력과 의지에 경외감을 표하자 벅스턴 서장Chief Buxton은 이렇게 말했다. "브렌던, 우리는 같은 일을 하고 있는 거나 마찬가지라오. 당신도 불이 난 것과 다름없는 회사에 뛰어들어 회사를 살리고 있잖소."

"그럴 리가요." 내가 말하자 서장은 이렇게 말했다.

"처음 회사에 들어섰을 때는 문제가 한눈에 들어오지 않았을 겁니다. 하지만 하루하루 시간이 지날수록 문제가 눈에 보이고 하나씩 해결해나갈 수 있게 되죠. 그러고 나서 집으로 돌아가면 잠을 푹 잤을 거예요. 다음날 아침이면 힘과 능력과 에너지가 채

> 소방관이 두려움을 떨쳐내고 위험에 맞서 맡은 임무를 완수할 수 있는 것은 그들이 육체적, 정신적으로 준비되어 있기 때문이다.

워지고 힘차게 새로운 하루를 시작할 수 있죠. 우리와 당신 모두 생명이 걸린 일을 하고 있는 겁니다."

나는 웃으며 답했다. "몇 가지 비슷한 점이 있긴 하지만 제가 하는 일은 보통 '위태롭다'에서 끝이 납니다. 불난 건물에서 누군가를 구해내는 일이 아니니까요."

"맞습니다. 우리는 생사를 다루지만 당신은 고용이나 실업문제를 다루죠. 그건 집세를 내고 아이에게 옷을 사줄 수 있느냐 없느냐가 달린 문제죠. 우리가 불길에 맞설 때와 마찬가지로 당신에게도 힘과 능력, 아드레날린이 필요합니다."

두려움에 쫓기지 말고
정면으로 맞서라

사실 불타는 건물에 뛰어들지 않더라도 누구나 두려움을 떨치고 살아갈 힘, 그리고 능력과 회복탄력성을 가질 수 있다. 매일 매일 기술, 정신력, 회복탄력성을 키워나가자. 원하는 결과를 상상하며 긍정적으로 생각하고, 목표 달성을 위해 나에게 꼭 필요한 일을 하겠다고 다짐하자.

두려움은 실제로 존재한다. 그러나 이를 극복하는 능력은 얼마든지 개발할 수 있다. 두려움의 씨앗이 싹트고, 불확실성이 커지고, 의심에 잠식되려는 순간을 인식하면 상황을 바꿀 수 있다. 그러면 두려움에 쫓기는 것이 아니라 두려움을 정면으로 마주할 수 있게 될 것이다. 다시 한번 이야기하겠다. 두려움에 쫓기는 것이 아니라 두려움을 향해 달려가 그것과 정면으로 마주할 수 있게 된다. 그것이야말로 진정으로 두려움 없는 삶을 살아가는 방법이다.

우리는 누군가의 빛과 희망이 되는 길을, 비관론자들 사이에서도 긍정의 에너지를 주는 낙관론자가 되는 길을 선택할 수 있다. 세상은 그 어느 때보다 그런 우리를 원하고 있다. 지금보다 더 성숙한 인간으로 성장하고 두려움 없이 인생을 살며 만나는 모든 이에게 긍정적인 영향을 미칠 준비가 되었는가? 그럼 시작해보자!

제2장

도전과 기회를 즐기는
리더가 돼라

리더가 되기로 결심하는 것은 인생에서 자신에게 주는 가장 큰 선물이다. 선물을 싫어하는 사람은 없을 것이다. 리더십은 우리의 두려움과 불확실성과 의심을 극복할 기회를 줄 뿐만 아니라 타인의 두려움과 불확실성과 의심을 떨쳐내게 하는 책임감을 부여한다.

내가 리더가 되기로 결심한 순간이 있다. 초등학교 3학년 때 뉴햄프셔에서 축구 연습을 시작한 첫날, 뷰캐넌 코치님은 여덟 살짜리 선수들을 모두 모아놓고 앞에 나가 점핑잭에 구령을 맞춰줄 사람이 있는지 물었다. 나는 무엇에 홀린 듯 앞으로 나가 둥그렇게 모여 선 친구들을 바라보며 구령을 외치기 시작했다. 그날 이후 나는 리더십의 매력에 완전히 빠지게 되었고, 하루도

빠짐없이 리더가 되겠다고 다짐했다.

리더십은 영감, 설렘, 도전정신을 불러일으킨다. 리더십과 매니지먼트는 매우 다르다. 매니지먼트는 직관적인 영역이기 때문에 업무를 확인하고 이행하면 그만이다. 그러나 리더가 되는 일은 그리 단순하지 않다. 리더는 사람들의 길잡이가 되어줄 비전을 세우고, 그들의 마음을 움직일 수 있도록 관계를 발전시키고, 목표는 물론 그것을 달성하기 위한 정확한 방법을 제시할 줄 알아야 한다.

리더에게는 보람찬 날도, 혼란스러운 날도, 괴롭고 힘든 날도 있겠지만, 가장 두려운 것은 매일매일 어떤 일이 벌어질지 모른다는 사실일 것이다. 하지만 바로 그 불확실성이 리더를 더욱 특별한 사람으로 만든다. 진정한 리더는 두려움을 극복하고 매일 리더의 역할을 다하겠다고 다짐한다. 하루하루가 선물 포장지를 벗기듯 미지의 세계에 도전하고 보상을 거머쥘 기회다. 리더가 되겠다는 매일의 결심이 세상을 조금 더 평화롭고 살기 좋은 곳으로 만든다.

리더가 되기 위한 여정에 오른 여러분을 환영한다. 이 여정은 하나의 목적지에 도달하면 끝나는 단순한 여정이 아니다. 용감하고 강인한 리더는 하루아침에 만들어지지 않기 때문이다. 우리는 인생에 찾아올 큰 기회를 잡기 위해 매일의 가르침과 교훈을 마음에 새기며 준비해야 한다. 기회가 오면 아무리 힘들어도 그것이 위기를 가장한 기회라는 것을 기억해야 한다. 힘에 부치더라도 하루하루 커지는 내면의 힘과 더욱더 준비된 나의 모습을 떠올려보자. 그러면 앞으로 다가올 더욱 큰 기회를 주저 없이 잡을 수 있게 될 것이다. 이것은 리더십이 주는 축복 중 하나다. 도전과 기회를 받아들이고, 그것에 전념하며, 두려움 없이 리더십을 발휘한다면 우리는 더욱 강인해질 것이다.

리더가 되기로
매일 결심하고 매일 다짐하라

거침없는 리더십을 발휘하려면

나는 두려움 없는 리더십을 신이 내게 준 선물로 여겼다. 리더십을 발휘할 기회가 있으면 언제나 그것을 놓치지 않으려고 노력했다. 물론 어릴 적에는 신이 나를 더 똑똑하게, 운동을 잘하게, 더 잘생기게 만들어주었으면 좋겠다고 생각한 적도 있다. 왜 그랬을까? 좋은 성적을 받으려면 밤낮으로 공부해야 했고, 운동을 잘하려면 남들보다 더 오래 훈련해야 했으며, 여학생의 마음을 얻으려면 유머 감각을 길러야 했기 때문이다.

하지만 리더십을 발휘하는 데에는 그만큼 노력이 필요하지 않았다. 나에게는 그게 더 자연스러운 일이었기 때문이다. 누군가는 수학을 잘하고 누군가는 운동을 잘하는 것처럼, 나는 내가 가장 잘할 수 있는 일이 리더십을 발휘하는 일임을 깨달았다. 그리고 매일 리더가 되기 위한 길을 걸어가겠다고 다짐했다. 팀에서 가장 뛰어나지 않더라도 기회가 있으면 되도록 주장을 맡았다. 고등학교와 대학교 내내 학급 대표와 과대표에 출마했고, 사회에서는 기술에서부터 금융, 자동차 산업에 이르기까지 다양한 분야에서 여섯 차례나 사장 겸 CEO가 되는 기회를 누렸다. 그것은 큰 축복이었다.

커스틴 로즈Kirsten Rhodes를 만난 지 5분 만에 나는 그녀가 타고난 리더임을 알 수 있었다. 나는 그 자리에서 바로 그녀를 채용했다. 대화를 시작하자마자 그녀에게서 강한 직업윤리와 긍정적인 에너지를 느낄 수 있었다. 그녀는 강인한 리더의 면모를 모두 가지고 있었다. 그런데 흥미로운 사실은 커스틴이 임원직에 스카우트 된 것이 아니라는 점이다.

1999년 커스틴은 개인 기여자individual contributor(관리 책임 없이 실무에 매진하는 전문가—옮긴이)로 회사에 들어왔다. 하지만 그녀는 언제나 리더십을 발휘했다. 회사 조직도에서 이름을 찾아볼 순 없지만 모르는 사람이 보면 커스틴을 부사장으로 착각할 정도였다. 자신을 드러내는 방식, 영향력을 행사하는 방식, 다른 사람들과 관계를 맺는 방식, 프로젝트를 성공시키기 위해 사람들에게 영감을 주는 방식에서 거침없는 리더십을 발휘했기 때문이다. 얼마 지나지 않아 커스틴은 과장으로 승진했고 몇 년 후에는 임원으로 발탁되었다.

리더십의 자질은 어디서 기인하는가

커스틴은 현재 딜로이트 LLP^{Deloitte LLP}(글로벌 컨설팅 및 금융자문 업체−옮긴이)의 샌프란시스코 총괄 대표를 맡아 승승장구하고 있다. 2021년, 몇 년 만에 그녀를 만난 나는 여전히 밝고 긍정적인 그녀의 모습에 놀라지 않을 수 없었다. 커스틴은 자신이 가진 최고의 모습을 보여주겠다고, 긍정적인 에너지를 주변 사람들과 나누겠다고 매일 결심하는 것 같았다. 누구나 커스틴과 같은 사람을 곁에 두고 싶어한다. 그렇다면 커스틴이 매일 훌륭한 리더십을 발휘하는 비결은 무엇일까? 그녀의 말을 들어보자

저의 개인적인 리더십 스타일과 그것의 변화는 두 가지 사실에서 기인합니다. 첫 번째는 가족의 상황과 그 안에서 저의 역할이고, 두 번째는 타고난 승부욕입니다.

저는 네 딸 중 장녀로 태어났고 집에서는 제2의 엄마와 다름없

었습니다. 장녀로 성장한 것은 리더십 자질을 키우고 다른 사람들에게 동기부여의 능력을 기를 수 있는 특별한 기회였습니다. 학창 시절, 저는 공부와 운동에 욕심이 많았습니다. 고등학교 때까지는 수영선수로 치열하게 훈련했고, 고등학교와 대학교에서는 피아노와 노래 경연 대회에 나가 콜로라도주 대표로 우승하기도 했습니다. 저는 응원단과 학생회에 들어가 팀에 기여하고 나눔을 실천하는 것이 얼마나 중요한지 배웠습니다.

대학을 졸업하자마자 캘리포니아에 위치한 회사에서 입사 제의를 받았습니다. 캘리포니아에 가본 적도, 아는 이도 없었지만 스물한 살의 패기로 인생의 새로운 챕터를 시작하기 위해 산호세행 비행기에 몸을 실었습니다. 첫 주에는 호텔에서 지냈고 혼자서 처음으로 차를 구매했으며 집을 구할 때까지 동료 집에서 신세를 졌습니다.

당시 아버지가 하신 말씀이 기억납니다. "6개월 안에 집으로 돌아올 게 뻔하다." 제게 동기부여가 되라고 하신 말씀인지는 모르겠지만, 그 말이 저에게 어떤 특별한 영향을 미쳤다는 사실은 확실합니다. 아버지의 예상이 틀렸음을 증명하는 것이 저의 당면 과제가 되었기 때문입니다. 저는 그 목표를 이루기 위해 무던히 애를 썼습니다. 그리고 31년이 지난 지금, 글로벌 기업의 미국지사를 담당하는 임원이 되었습니다. 위험을 감수하고 아버지의 말이 틀렸음을 증명하기 위한 노력이 결실을 본 것이었습니다. 그 덕분에 리더로서 힘든 상황이 닥쳐도 해결책을 모색하는 법을 배울 수 있었습니다.

저는 수년에 걸쳐 리더의 기반을 다졌습니다. 매일 진정성 있고 영감을 주는 멘토이자 조언가, 관리자로서의 모습을 보여주기 위해 노력합니다. 저는 올바른 방향을 설정하고 팀원들과 교감하며 장단기 과제와 목표를 제시하는 훌륭한 리더에게서 귀중한 교훈을 얻었습니다. 그들 덕분에 사려 깊게 행동하고 투명하게 소통하며 팀원들과 신뢰를 쌓는 일이 중요하다는 것을 깨달았습니다.

멘토 중에는 저와 함께 매우 크고 복잡한 팀을 이끌었던 파트너들도 있습니다. 저는 진정한 의미의 리더십에 대해 진지하게 고민하는 그들의 태도가 좋았습니다. 그들은 자신의 직함이 곧 리더십이라는 안일한 생각 대신, 끊임없이 리더십을 표출하는 방식에 대해 고민했습니다. 웰빙을 우선시하는 점도 인상 깊었습니다. 웰빙은 결국 우리 모두가 표방해야 하는 가장 중요한 가치이기 때문입니다. 이러한 경험은 차세대 리더들을 멘토링하는 저의 역할에 대해 다시 생각해보는 계기가 되었습니다. 저는 어떻게 하면 팀원들의 역량을 지속적으로 발전시킬 수 있을지 고민합니다. 팀원들의 이야기를 경청하며 그들이 편안하게 자신의 이야기를 할 수 있는 환경을 조성하기 위해 노력합니다.

앞으로도 리더십을 발휘하는 방식에 대한 고민과 노력을 멈추지 않을 생각입니다. 계속해서 투명하게 소통하고 영감을 주며 성취를 축하하고 팀원들에게 고마움을 표현할 것입니다. 또한 팀과 팀원들을 위해 명확한 목표를 제시하고, 그것을 수치화해 모두가 높은 수준의 책임감을 경험할 수 있도록 할 것입니다. 목표와 비전이 무엇이든 리더가 그것을 공유하면 팀원의 신뢰와 자신감이 높아진다는 사실을 깨달았기 때문입니다.

리더십은 종착역 없는 여정

겸손을 배운 첫 유럽 출장

유럽 출장 계획이 잡혔다! 해외여행이 굉장히 어렵던 시절이라 나는 매우 들떠 있었다. 미국 밖으로 나가는 것도 처음이었고 영국·독일·프랑스 지사 동료들에게 도움이 될 만한 프레젠테이션 자료도 만들어두었기 때문에 좀처럼 설레는 마음을 주체하지 못했다.

현지 미팅 당일, 새벽 다섯 시에 일어나 호텔 피트니스에서 땀 흘려 운동을 하며 마지막으로 프레젠테이션을 점검했다. 샤워를 하고 정장으로 갈아입은 후 로비에서 상사 존 해리스를 만나 함께 지하철역으로 향했다.

존이 물었다. "준비됐나요, 브렌던?"

"물론이죠. 모두 깜짝 놀랄 거예요." 내가 답했다.

동료들의 환대를 받으며 사무실로 들어가 반가운 인사를 주고 받았다. 프레젠테이션 순서가 되자 나는 테이블에 둘러앉은 모든 직원의 시선을 한몸에 받으며 발표를 시작했다. 나는 이런저런 부연 설명 없이 바로 본론으로 들어가 나의 놀라운 계획에 대해 열정적으로 발표했다. 프레젠테이션을 마친 후 나는 활짝 웃는 얼굴로 이렇게 물었다. "멋지지 않습니까? 여러분 어떻게 생각하세요?"

하지만 그 순간 미소 짓고 감동한 사람은 나뿐이었다. 동료들은 침묵 속에서 서로 눈치만 보았고 존은 할 수만 있다면 나를 사무실 밖으로 내쫓을 기세였다.

나의 멋진 계획은 누군가의 말 한마디로 간단하게 정리되었다. "여기서는 그런 방식으로 일하지 않습니다." 나는 깜짝 놀랐다. 우리는 분명 같은 회사 소속이고, 나의 계획은 완벽한데 이들은 왜 환호하지 않는 것일까? 그때부터 실패에 대한 두려움, 무엇을 해야 할지 모르는 불확실성, 이 문제를 해결할 능력이 있는지에 대한 의심이 나를 집어삼키기 시작했다.

다행히 내 옆에는 나보다 훨씬 먼저 리더십의 여정을 걸어온 존이 있었다. 그는 상황을 파악하고 두려움 없는 리더십을 발휘해 내가 문화적 차이와 소통의 차이에서 오는 문제를 해결할 수 있도록 도와주었다. 그러고 나서야 비로소 나의 계획에 대해 다시 이야기를 나눌 수 있었다. 그렇다. 나는 너무 격앙된 나머지 '문제'를 파악하고 해결하기 위해 서로 의견을 나눌 기회도 제공하지 않은 채 해결법에 대한 이야기만 늘어놓았던 것이다.

그 과정을 통해 타인의 말을 경청하는 것과 우리가 서로 다른 존재임을 인정하는 것이 얼마나 중요한 일인지 깨닫게 되었다. 똑같은 인간은 없다. 그러므로 우리는 생각하는 방식도, 문제 해결에 접근하는 방식도 모두 다르다. 그렇게 나는 겸손함을 배웠다. 회의실의 분위기를 무시한 채 단 한 발짝도 물러서지 않고 내 방식만 고집했다면, 또 존의 도움이 없었다면 프레젠테이션은 처참하게 막을 내렸을 것이다.

다행히도 나는 존의 멘토링 덕분에 리더십의 여정 중에 잠시 비틀거렸음에도 다시 툭툭 털고 일어나 리더로 성장할 수 있었다. 든든한 지원군으로서 나의 첫 해외 출장을 함께해준 존에게 진심으로 감사를 전하고 싶다.

어디쯤 있든 리더십 여정에는 최종 목적지도, 산 정상도 존재하지 않는다는 것을 기억하기 바란다. 그 여정에는 나아가야 할 방향, 이해해야 할 사람, 마음에 새겨야 할 교훈, 해결해야 할 문제가 더 많을 뿐이다.

리더는 최종 목적지 너머를 바라본다

테리 프랑코나^{Terry Francona} 감독이 2004년 미 메이저리그 프로야구팀인 보스턴 레드삭스^{Boston Red Sox}의 월드 시리즈 우승을 끝으로 감독직에서 물러났다면 클리블랜드 가디언스^{Cleveland Guardians}의 운명은 어떻게 바뀌었을까? 월드 시리즈 우승이야말로 은퇴를 앞둔 감독에게는 최고 영예이자 아무나 이룰 수 없는 대단한 업적이다.

프랑코나 감독은 2004년 팀을 월드 시리즈 우승으로 이끌었을 뿐만 아니라 그 과정에서 팀에 '최초' 타이틀을 두 개나 안겨주었다. 2004년 메이저리그 포스트시즌인 아메리칸 리그 챔피언십에서 레드삭스는 라이벌인 양키스를 상대로 3연패를 기록하며 탈락 위기에 처했다. 하지만 그 후 4연승으로 판세를 뒤집으며 메이저리그 역사상 최초의 리버스 스윕^{Reverse Sweep}(패배만 누적되어 한 번만 더 지면 탈락하는 상황에서 남은 경기에서 모두 이기는 것- 옮긴이)을 해냈다. 또한 0 대 3의 상황에서 7차전까지 경기를 끌고 간 최초의 팀으로도 기록됐다.

무려 86년 만의 역사적인 우승이었다. 팬들은 80년이 넘는 세월 동안 보스턴 레드삭스가 '밤비노의 저주(1920년 보스턴 레드삭스가 밤비노라는 애칭을 가진 타자 베이브 루스를 라이벌팀인 뉴욕 양키스에 이적시킨 후 수십 년 동안 월드 시리즈에서 우승하지 못한 것을 말함-옮긴이)'에서 풀려나기를 간절히 바랐다. 그만큼 팀 우승은 수많은 사람이 염원하던 최상의 결과이자 최종 목적지였다. 하지만 훌륭한 리더, 두려움 없는 리더는 거기서 멈추지 않고 그 너머를 바라본다. 그들에게는 누군가를 성공으로 이끄는 것이 평생 추구해야 할 목표이기 때문이다.

프랑코나 감독은 다섯 번의 플레이오프 진출과 또 한 번의 월드 시리즈 우승을 달성한 후 클리블랜드로 자리를 옮겼다. 부임 첫해, 프랑코나 감독은 68승 94패를 기록하던 팀의 성적을 92승 70패로 끌어올렸다. 그가 재임하는 여덟 시즌 동안 클리블랜드는 포스트시즌 진출에 다섯 차례 성공했으며 2013년과 2016년, 프랑코나 감독은 올해의 감독상을 받았다. [9]

미식축구팀 뉴잉글랜드 패트리어츠New England Patriots의 빌 벨리칙Bill Belichick도 주목할 만한 감독이다. 여섯 번의 슈퍼볼 우승, 아홉 번의 AFC(아메리칸 풋볼 컨퍼런스) 우승, 열일곱 번에 달하는 AFC 동부 지구 우승이라는 화려한 성적을 자랑하는 그도 매일 자신의 리더십 여정에 전념하며 한 경기 한 경기 최선을 다하겠다는 결심을 이어간다.

지금은 두 감독 모두 명장의 반열에 올랐지만, 그들이 이끌었던 모든 팀이 월드 챔피언십에서 우승하거나 대단한 기록을 세운 것은 아니다. 레드삭스에 합류하기 전, 프랑코나 감독은 필라델피아 필리스Philadelphia Phillies에서 네 시즌(1997~2000)을 보냈지만 팀은 내셔널리그 동부 지구에서 3위 이상을 기록한 적이 없다.[10]

벨리칙 감독 역시 클리블랜드 브라운스에서 다섯 시즌을 보낸 뒤 36승 44패를 기록하고 감독직에서 물러났다.[11]

그러나 이들은 수많은 고난과 역경을 딛고 열정적으로 팀을 이끌고 연구하고 더욱 노력하여 오늘날 누구나 인정할 만한 훌륭한 지도자가 되었다. 프랑코나 감독과 벨리칙 감독 모두 월드 챔피언십 타이틀을 가지고 있지만, 그들을 훌륭한 리더로 만든 것은 우승 트로피가 아니었다.

이것은 스포츠팀 감독들에게만 국한된 이야기가 아니다. 모든 산업 분야에서 이와 같은 일화를 찾아볼 수 있다. 제너럴 모터스 General Motors의 회장 겸 CEO인 메리 바라Mary Barra의 이야기를 들어보자. 열여덟 살에 GM의 조립라인에서 사회생활을 시작한 메리 바라는 매일 최선을 다해 열심히 일했고, 그 일을 자신의 유일한 직업으로 여겼다. 그리고 근면과 성실, 경청과 배움의 자세를 토대로 자신에게 다가오는 기회를 잡는 데 성공했다.

열정과 노력은 진정으로 삶을 변화시키고 사회에 기여하는 사람들을 구별하는 요소입니다. 재능만으로는 노력하는 자를 이길

수 없다는 사실을 기억하세요. 현재의 일에 안주하지 마세요. 중
요한 회의나 프로젝트에 참석해달라는 요청을 받을 때까지 가만히
앉아 기다리지 마세요. 중요한 일을 맡기 위해 노력하세요. 목소리
를 내세요. 자원봉사를 하세요. 열정을 보여주세요. 그리고 기회
의 문을 두드리세요. 회사 구성원으로서 일에 열정을 쏟으면 업무
는 더 흥미로워지고 여러분은 인정받게 될 겁니다. 관리자로서 자
기 일에 열정을 쏟으면 사람들은 여러분 팀에 합류하고 싶어할 것
이며 여러분을 본받아 목표 달성을 위해 최선을 다할 것입니다.

– 메리 바라, 2014년 미시간 대학교 졸업 연설 중에서

《타임》 선정 '2014년 세계에서 가장 영향력 있는 인물 100인',
《포춘》 선정 '2018년 세계에서 가장 위대한 리더 50인'에 이름을
올린 메리 바라 역시 프랑코나 감독, 벨리칙 감독과 마찬가지로
꽤나 인상적인 성과를 자랑하지만 그것을 '리더십의 종착역'으로
여기지는 않는 것 같다. 오히려 교통사고 제로, 탄소배출 제로,
교통체증 제로라는 비전을 세우고 이제 막 그 목표를 향한 노력
에 박차를 가하기 시작한 것으로 보인다. 그녀의 리더십은 제너
럴 모터스를 비롯한 자동차 산업뿐만 아니라 모든 사람의 삶을
개선하는 방향으로 세상을 변화시키고 있다. 그것이 바로 많은
사람이 메리 바라 회장을 인정하고 존경하는 이유일 것이다.

리더를 증명하는 것은
직함이 아니다

사무실 문에 번쩍이는 명패가 붙어 있다고 훌륭한 리더가 되는 것은 아니다. 사람들에게 업무를 지시하고 해야 할 일 목록을 관리하는 업무상 리더는 될 수 있지만, 그것이 꼭 훌륭한 리더를 뜻하지는 않는다.

나는 직업상 많은 리더를 만난다. 그들 중에는 그럴듯한 직함을 가진 사람이 있는가 하면 그렇지 않은 사람도 있었다. 이와 관련한 몇 가지 이야기를 공유하고자 한다.

CEO 찰리의 이력서는 꽤 인상 깊었다. 학력과 성취도가 모두 최상이었기 때문이다. 모든 팀에서 탐낼 인재였다. 내가 찰리를 만났을 때 그는 이미 리더십 여정의 후반기에 접어든 상태였다. 그런데 이력서에서 모든 것을 갖춘 완벽한 사람으로 보였던 그와 함께 일을 하다 보니 '이 사람이 어떻게 이 자리까지 올라왔지?'라는 의문이 들었다.

찰리는 일주일에 이틀만 사무실로 출근하고 나머지는 골프장에서 보냈다. 그는 팀이나 회사에 관심이 없어 보였다. 몇 달이 지나자 그의 비즈니스 능력이 쇠퇴하고 있다는 것을 느낄 수 있었다. 직원들도 자신을 이끌어주지 않는 상사를 더 이상 따르지 않았다. 결국 그는 직원들에게 자신이 리더임을 보여주기 위해 직함을 이용할 수밖에 없었다.

그러나 두려움 없는 리더와 그를 따르는 사람들에게 동기부여가 되는 것은 직함이 아니다. 사람들이 훌륭한 리더의 말에 귀를 기울이고 그를 따르는 이유는 그를 믿기 때문이다. CEO 찰리가 "여러분, 잘 들으세요. 저는 CEO입니다. 그러니 제가 시키는 대로 하세요"라고 말한다고 사람들이 그를 따르는 것은 아니라는 얘기다.

앞서 개인 기여자로 입사한 커스틴을 부사장으로 착각하는 사람이 많았다는 이야기를 기억하는가? 그만큼 직함은 중요한 요소가 아니다. 중요한 것은 태도다.

리더라는 최종 목적지에 도착했으니 나를 지금에 이르게 한 에너지, 열정, 체력을 더 이상 유지할 필요가 없다고 생각하면 현상 유지는커녕 오히려 뒤처지게 된다. 왜일까? 우리를 둘러싼 이 세상, 사람, 비즈니스, 기술은 계속해서 진화하기 때문이다. 당분간은 지금 자리를 보전할 수 있을지 몰라도 곧 다른 누군가가 그 자리를 차지하게 될 것이다.

이제 타이 쿨만Tye Kuhlman의 이야기를 들어보자. 나는 부실기업 회생 전문가로 일하며 그를 알게 되었다. 회사에서 주요 직책이나 임무를 맡은 것은 아니었지만 그는 언제나 긍정적인 영향을 주는 사람이었다. 고위급 회의에서 그의 이름이 몇 번이나 언급되었는지 셀 수도 없을 정도였다. 어떤 안건이 나와도 "타이에게 확인해보겠다"로 이어지는 경우가 많았다.

타이의 잠재력을 확인하고 그를 리더십팀으로 스카우트하기까지는 그리 오랜 시간이 걸리지 않았다. 어카운트 매니저(고객 관리업무 담당자)를 리더십팀으로 스카우트하는 것은 모두가 달가워하는 일은 아니었지만, 그의 직급이나 그의 직속 상사가 누구인지를 떠나 타이라는 사람이 조직에서 매우 중요한 인물이라는 사실 한 가지는 분명했다. 박학다식하고 자신이 아는 바를 다른 사람들에게 기꺼이 나누는 그에게 도움을 구하는 이가 많았다.

타이가 가진 능력을 알아봐주고 그의 잠재력에 믿음을 주자, 그는 한 사람의 유능한 직원에서 자신감 있는 훌륭한 리더로 성장했다. 어카운트 매니저에서 회사의 리더인 이사, 부사장으로 승진한 것이다.

그를 리더로 만든 것은 직함이 아니다. 그는 전부터 이미 리더 역할을 하고 있었다. 임원으로 승진한 그는 더 많은 사람에게 동기를 부여하고 영감을 주고 더 높은 목표로 나아가도록 독려할 기회를 얻었다. 리더십은 사람과 사람 사이에서 계속해서 이어지는 선물이다. 여러분도 그것을 이어받고 누군가에게 다시 전수해줄 수 있기를 바란다.

리더십이라는 선물을
받아들이면 생기는 일

팀원에게 결승 골을 어시스트 하고 매일 승리를 축하할 기회가 주어진다고 상상해보자. 리더십이라는 선물을 수락하면 매일매일 그런 기회가 주어진다. 나의 팀은 가족, 친구, 동료, 커뮤니티 구성원 등 삶의 전반으로 확장된다. 리더의 지지는 팀원에게 긍정적인 마음가짐과 태도를 불러일으키는 스파크와도 같다. 또한 리더십을 통해 많은 이의 삶에 긍정적인 영향을 미칠 수 있다. 평범한 개인으로서 우리는 제한적인 수의 사람들에게 영향을 미치지만, 매일 리더가 되기로 결심하고 평생 그 결심을 이어간다면 우리 영향력은 폭발적으로 증가한다.

코로나19가 한창일 때, 우리 팀은 한 단계 더 성장하며 높은 성과를 냈다. 놀라운 경험이었다. 머천트 플리트에는 B2B 사업부와 B2C 사업부가 있는데 각각 상업용 자동차 리스와 중고차량 판매를 담당한다. 이들 두 사업부는 서로 다른 기술과 경험이 필요한 별개 분야다.

어느 날 중고차 판매 사업부에서 코로나19 확진자가 발생했다. 직원을 최우선으로 생각하는 우리는 전 직원이 검사받고 안전하게 업무에 복귀할 수 있을 때까지 중고차 전시장을 폐쇄하고 사업을 당분간 중단하기로 결정했다. 하지만 영업 중단에 들어간 첫날 상용차 사업부 임원들이 도움을 자청했다.

고객에게 중고차를 판매해본 경험이 전혀 없는 이들이 자기 일을 제쳐두고 전시장에 나와 고객을 응대하고 차량 시승을 돕겠다고 했다. 상용차 사업부 임원들의 상황에 대해 다음 몇 가지를 생각해보면 실로 놀라운 일이 아닐 수 없었다.

1. 자동차 판매에 관해 교육받은 이가 없었다.
2. 차량 구매 시 필요한 복잡한 서류 작업에 관해 아는 이가 없었다.
3. 자기 일을 제쳐두고 어떻게 해야 하는지도 모르는 일을 할 만큼 시간이 많은 이가 없었다.
4. 그 일을 함으로써 얻을 수 있는 개인적인 이득이 없었다. 월요일부터 금요일까지는 월급을 받고 일하지만 그렇지 않은 주말에도 팀원과 회사를 위해 출근했다.

이것이 내가 목격한 진정한 리더십이었다. 코로나19로 업무를 중단할 수밖에 없는 팀에게 가장 필요한 선물을 준 것이다.

고위 임원인 애덤 시코어^{Adam Secore}가 이른 아침부터 자동차 세

일즈에 대한 교육을 진행했다. 교육생들은 모두 다른 부서 책임자들이었다. 이들은 차량 가격, 시승, 서비스 보증보다 운영 효율성과 생산성 분야에 더 익숙한 사람들이었지만 열심히 메모하며 차량 판매, 서류 작업, 소비자 응대에 관한 내용을 숙지했다.

한 시간 뒤 전시장은 예정대로 문을 열었다. 고객의 방문과 함께 내성적인 기업 운영 전문가들이 활기찬 영업사원으로 180도 변신하는 순간이었다. 어떻게 이런 일이 가능했을까? 20년 동안 한 분야에서만 우직하게 경력을 쌓은 사람들이 단 몇십 분의 교육과 몇 마디 동기부여로 완전히 다른 사람이 될 수 있었던 이유는 무엇일까? 바로 리더십이다.

리더십이라는 선물을 받아들이면 우리는 놀라운 힘을 발휘할 수 있게 된다. 여러분도 리더십을 발휘할 기회를 놓치지 않기를 바란다. 이미 리더십을 발휘하고 있다면 매일 다른 사람들과 그 황홀한 선물을 나누기 바란다.

아이들의 가슴에
리더십의 불씨를 지피다

리더가 되기 위해
최고가 될 필요는 없다

앞에서 말했지만 내가 리더가 되겠다고 결심한 순간은 축구 연습에 나갔던 날이었다. 그때 나는 여덟 살이었고, 그것이 지금까지 내린 결정 중 가장 잘한 결정이라고 믿는다. 리더가 되겠다고 결심하거나 리더십을 발휘하겠다고 마음먹기에 너무 어린 나이는 없다.

그러한 믿음 덕분에 뉴햄프셔주 내슈아에서 PAL경찰체육연맹과 공동으로 어린이 리더십 아카데미인 '빅토리 아카데미'를 운영할 기회를 얻게 되었다. 그곳에서 PAL 직원들과 함께 초등학교

3학년부터 중학교 2학년 사이의 학생들에게 기본적인 리더십 기술을 가르쳤다. 이 학생들은 여러 가지 방과후 활동이나 운동 프로그램에 참여하기 위해 PAL에 방문하고 있었다.

이 수업에 참여하는 아이 중에는 스스로 리더가 될 수 없다고 단정 짓는 아이도 있었다. 어릴 적부터 자신에게는 리더 자질이 없다고 생각하는 것이다. 강인함, 용기, 신념을 비롯해 훌륭한 리더가 되기 위한 핵심적인 자질에 대해 설명해주면 어떤 아이들은 "제가 리더감은 아니라고 생각해요"라고 말하기도 했다.

나는 "왜 아니라고 생각하니?"라고 묻고 아이들의 답을 들어보았다. 결론적으로 아이들은 리더에 대한 시각이 좁고, 스스로 그 역할에 어울리지 않는다고 단정한다는 사실을 알 수 있었다. 그들은 주로 운동선수, 영화배우, 음악가를 리더로 여겼고 자신이 유명한 축구 선수나 야구 선수, 혹은 리드 보컬이 되지 않으면 리더가 될 자격이 없다고 생각했다.

어떤 아이들은 지금껏 리더로 여길 만한 사람을 한 번도 만나본 적이 없기 때문에 자신도 리더가 되지 못할 것이고 어쩌면 그게 당연하다고 생각했다. 주변 사람들과 비슷한 인생을 살게 될 것이라고 믿는 것이다.

나는 항상 그러한 신념에 맞서려고 했다. 운동을 하는 아이에게는 "넌 스포츠팀 주장이 될 수 있어"라고 말했다. 그러면 아이들은 보통 이렇게 답했다. "하지만 우리 팀에는 저 말고도 뛰어난 선수가 많은걸요." 나는 리더가 되기 위해 최고 선수가 될 필요는 없다고 얘기했다. 그리고 아이가 어떤 리더십 자질을 가지고 있는지 파악할 수 있도록 도와주었다.

"사람들이 널 좋아하니?"

"네."

"좋아, 그럼 그게 무슨 뜻인지 아니?"

"아뇨."

"그건 네가 영향력 있는 사람일 수도 있다는 말이야."

"네?"

"영향력이 있다는 건 사람들이 너를 따르고 싶어한다는 뜻이지. 사람들이 널 따르면 어떻게 되는지 아니?"

"제가 리더가 되는 건가요?"

"그렇지! 네가 리더가 되는 거지. 셔츠에 캡틴을 의미하는 'C'가 있든 없든 사람들이 널 따른다면 그것은 네가 리더라는 뜻이야. 너는 성품이 참 좋아. 그것만으로도 사람들이 너를 따를 이유는 충분해."

리더의 자질을 알아봐주기만 해도 아이는 변했다. '당신의 장점은 무엇입니까?'라는 질문지를 보고 망설이는 대신 정자세로 앉아 빠르게 답을 적어 내려갔다. 그리고 그것을 자신이 가진 리더의 자질이라고 생각하기 시작했다.

한계를 뛰어넘어
앞으로 나아가는 미래의 리더들

이와 같은 리더십 프로그램을 통해 아이들은 자신의 잠재력을 발견할 수 있었다. PAL 내슈아 지사의 전무이사 숀 넬슨Shaun Nelson은 다음과 같은 방법으로 아이들의 마음에 리더십의 불씨를 지핀다.

PAL은 아이들이 올바른 리더십 기술을 개발할 수 있도록 돕는 것이 중요하다고 생각합니다. 특히 소외된 지역 아이들의 경우 지도를 받든 받지 않든 장차 그 지역의 리더로 성장하는 데 긍정적인 리더십 기술을 개발할 기회가 없다면 올바른 리더가 되지 못할 것이라고 믿기 때문입니다. PAL의 방과후 프로그램은 교육·활동·리더십으로 나뉩니다.

그중에서도 리더십은 굉장히 중요합니다. 아이들이 리더십 혹은 리더십 기술에 대해 알려달라고 먼저 요청하지는 않지만 아이들에게는 리더십이 꼭 필요합니다. 매일 우리 센터에 오는 청소년들은 숙제를 하고 간식을 먹으며 오후 활동을 시작합니다. 아이들이 주도적으로 지역사회 봉사활동에 참여하거나 단순한 취미활동에 참여하는 등 어떤 것이든 할 수 있습니다.

여기서 중요한 것은 PAL에서의 다양한 경험이 곧 훌륭한 리더와 만날 수 있는 기회를 의미한다는 것입니다. 이곳에서 일하는 직원, 자원봉사자, 다양한 프로그램을 통해 아이들과 만나는 지역사회의 지도자들은 아이들에게 귀감이 되는 리더입니다. 훌륭한 리더십을 가진 분들과 자주 만나다 보면 아이들에게 동기부여가 됩니다. 그러면 아이들의 마음속에 우리가 바라던 리더십의 불씨가 타오르게 됩니다.

누구나 훌륭한 리더가 될 수 있습니다. 아이들이 훌륭한 리더가 되겠다고 스스로 마음먹을 때까지 리더십의 불씨가 꺼지지 않도록 돕는다면 아이들은 성공할 것이고, 그 성공은 다른 리더를 양성하는 데도 도움이 될 것입니다. 소그룹 혹은 개인별로 자유롭게 소통할 수 있는 공간을 마련하면 아이들이 자신의 꿈을 발견하고 키우는 데 큰 도움이 된다는 사실도 알게 되었습니다.

우리가 던지는 질문은 이러합니다. "어른이 되면 어떤 일을 하고 싶니?" 아이들이 대답하면 그들의 직업이나 목표가 무엇이든 그것을 실현하기 위해 어떤 과정을 거쳐야 하는지 조언합니다. "네가 사는 지역에서는 어떤 사람이 좋은 리더인 것 같니?"라고 물으면 아이들은 선생님이나 가끔씩 자신을 도와주는 동네 할머니라고 대답합니다. 때로는 스포츠 스타의 이름이 거론되기도 합니다. 누구를 리더로 생각하든 "왜 그 사람을 리더라고 생각하니?"와 같은 질문을 통해 리더의 자질에 대해 생각해볼 기회를 갖습니다. 아이들은 대개 그 사람이 한결같다거나 동기부여가 된다고 답할 때가 많습니다. 이러한 대화를 통해 리더의 자질을 파악한 뒤에는 아이들이 처한 상황에 관계없이 어떻게 하면 현재 위치에서 원하는 위치로 나아갈 수 있는지 이야기를 나눕니다.

시시각각 변화하는 아이들의 모습을 지켜보는 일은 정말 놀랍습니다. 한 가지 예를 들어보겠습니다. 어느 여름날 저녁, 농구 수업이 한창이었는데 한 여자아이가 동생을 유모차에 태우고 오는 것이 보였습니다. 아이들끼리 외출하기에는 늦은 시간이었습니다. 우리는 대화를 통해 두 아이의 상황을 자세히 파악하게 되었고 열두 살이던 큰아이는 PAL의 멤버가 되었습니다. 아이들은 현장 학습, 그리고 장식용 반짝이와 풀을 이용한 미술공예 활동을 굉장히 좋아하는데, 그러한 활동을 진행하며 아이와 계속해서 대화를 시도했습니다. 덕분에 그 소녀는 옳은 길을 걸으며 훌륭하게 성장하고 있습니다.

이제 소녀는 열일곱 살이 되어 고등학교에서 배구 선수로 활약하고 있으며, 소녀의 여동생도 PAL의 멤버가 되었습니다. 여전히 많은 어려움이 있지만, 소녀는 확고한 삶의 방향을 설정하게 되었고 자신의 삶이 가진 몇 가지 한계를 인정할 줄도 알게 되었습니다. 하지만 그 한계는 더 이상 소녀를 정의할 수 없습니다. 한계를 파악하고, 한계를 가졌음에도 앞으로 나아가는 법을 배우고 있기 때문입니다.

이 소녀와 같은 아이들이 자신에게 떳떳하고, 또래 친구들 앞에서 당당하며, 우리 앞에서도 자신의 목소리를 낼 수 있을 때 비로소 리더십은 빛을 발한다.

진정한 변화를 이끌어내는
아이들과의 대화

숀의 팀은 최근 프로그램에 참여한 6명의 아이와 대화를 나누었다. 이 대화는 그룹 내에서 가장 나이 많은 열 살 아이를 주축으로 이루어졌으며 반짝이와 풀을 이용한 미술활동을 하면서 진행됐다. 아이들은 자신의 동네에 대해 이야기했다. 동네의 좋은

> 리더십을 발휘하는 데
> 나이는 중요하지 않다.
> 여러분은 리더십이라는 특별한
> 선물을 주변과 적극적으로
> 나누고 있는가?

점과 싫은 점은 무엇인지, 동네의 어떤 점이 아름다운지에 관한 이야기였다.

아이들은 이 대화를 통해 PAL 센터에서 가장 가까운 공원 중 한 곳을 정비하기로 결정했다.

먼저 아이들은 시간을 내 공원을 청소했다. 센터의 지원을 받아 공원 벤치를 고치기도 하고 심지어 지역사회 지도자들을 찾아가 도움을 요청하기도 했다.

그러자 그 후로 마법 같은 일이 일어나기 시작했다. 한 소녀는 자신과 친구들이 많은 시간을 보내는 공원에 약간의 온기가 더해지면 좋겠다는 아이디어를 시청에 전달했다. 그 결과 공원에 조명이 설치되고 향후 열릴 콘서트를 위해 낡은 무대가 수리되었으며 멋진 벽화가 그려지는 등 공원 내 인프라가 크게 개선되었다. 놀랍게도 아이들에게 "여러분의 리더십 덕분에 이 동네에 아름답고 안전한 공원이 탄생했습니다"라고 말할 수 있게 되었다.

리더십을 발휘하는 데 나이는 중요하지 않다. 여러분은 리더십이라는 특별한 선물을 주변과 적극적으로 나누고 있는가?

제3장

멋진 인생을 꿈꾼다면
좋은 사람이 돼라

좋은 사람이 된다는 것은 인간의 핵심 가치관과 관련 있다. 핵심 가치관은 유년기를 거쳐 성인기에 이르며 형성된다. 또한 부모, 친척, 스승, 친구 등 인생에서 큰 부분을 차지하는 사람들이 가치관 형성에 지대한 영향을 미친다. 다음 말을 떠올려보자.

"누나를 존중해야지" "친구는 몰라도 네가 그런 행동을 해서는 안 돼" "집안일을 도우렴. 가족 모두가 각자의 역할을 다해야 해" 이러한 말은 존중과 힘, 성실이라는 가치를 심어주었다.

어린 시절 어떤 말을 자주 들었는지 생각해보자. 그리고 성인이 된 내 모습을 바라보자. 어릴 적 형성된 가치관 중 여전히 남아 있는 가치관은 몇 가지인가? 자라면서 새롭게 형성된 가치관은 무엇인가? 가치관에 부합하는 인생을 살고 있는가? 그 가치관을 주변 사람들에게도 심어주고 있는가? 나는 힘·용기·신념·봉사·겸손·리더십 여섯 가지를 나의 핵심 가치로 삼기로 했다.

두려움 없는 리더가 되려면 지성·열정·인내와 같은 덕목이 필요하다. 하지만 더 자세히 들여다보면 이 모든 것의 토대가 되는 것은 신체적, 정신적, 정서적, 영적 '힘'이다.

힘이 없으면 리더는 용기내어 행동할 수 없다. 여기서 용기란 두려움에 굴하지 않고 맞서는 용기, 불확실성 속에서도 긍정적인 결과를 믿는 용기, 의심을 떨쳐내기 위해 몸과 마음과 영혼에 집중하는 용기를 말한다. 그것은 오랜 시간에 걸쳐 습득되는 가치다.

두려움 없는 리더는 자신과 타인을 믿고 주변 사람들에게도 믿음을 준다. 두려움 없는 리더에게는 성공할 수 있다는 믿음이 있다. 현실이나 데이터가 그렇지 않다고 해도 긍정적인 결과로 이어질 것임을 믿는다.

두려움 없는 리더는 적극적이고 열정적인 봉사자다. 그들은 봉사가 희생을 의미하며 보이지 않는 곳에서 묵묵히 헌신하는 것이 보람된 일임을 안다. 두려움 없는 리더의 내면에는 대의를 위한 봉사의 불꽃이 영원히 밝게 타오른다.

겸손은 유산과도 같은 가치다. 두려움 없는 리더는 기회를 포착하고 어려움을 극복할 용기를 갖게 되며, 신념을 토대로 짜릿한 승리를 거둘 것이다. 두려움 없는 리더는 성공과 봉사 사이에서 균형을 유지한다. 또한 나 자신보다 공익을 위해 비전을 세우고 헌신하는 것을 인생의 비전으로 삼는다.

리더십은 시간이 지나도 변하지 않는 가치이자 평생의 노력이 집약된 결실이다. 두려움 없는 리더는 목표에 책임을 지고, 목표를 달성할 수 있는 기술과 경험을 갖춘 팀을 구성하며, 매일 목표로 향하는 길을 밝힌다.

이제 두려움 없는 리더가 갖춰야 할 여섯 가지 핵심 가치를 살펴보자.

힘,
꿋꿋하게 앞으로 나아가는 리더의 자질

"실패라는 선택지는 없어. 난 할 수 있어"

우리는 때때로 가장 소중하게 여기는 가치의 표본이 되는 사람, 공감하는 능력과 용기를 가진 사람, 겸손한 자세로 다른 사람을 이끌고 봉사할 준비가 되어 있는 사람, 자신에게 시련이 닥쳐도 다른 사람을 먼저 일으켜 세워주는 사람을 만나게 된다. 지닌 찰턴 Jeanine Charlton도 그중 한 명이다. 그녀는 용기 있고 겸손하며 리더십과 투철한 봉사정신을 가졌다. 하지만 그녀의 진정한 강점은 바로 힘이다.

지닌은 친구의 권유로 EDS일렉트로닉 데이터 시스템 채용 사무실에 방문했다가 바로 그 자리에서 고용되며 기술 업계에 첫발을 내디

떴다. 인사팀에서 일을 시작한 지닌은 곧바로 EDS의 광범위하고 체계적인 트레이닝 시스템을 적극 활용했다. 지닌은 이렇게 말했다.

EDS는 직원의 성장과 발전을 적극적으로 지원하는 회사였습니다. 열심히 일하고 발전하고자 하는 직원에게는 새로운 기술을 배우는 특별한 기회가 주어졌고, 저 또한 실무 교육과 경험을 통해 전문적인 기술을 배울 수 있었습니다. 입사 초부터 저에게 관심을 가지고 멘토링을 해준 리더 덕분에 더 큰 책임이 따르는 일을 맡아도 되겠다는 자신감을 얻을 수 있었습니다.

입사 후 얼마 되지 않아 저는 서른 살이 되기 전에 어카운트 매니저가 되겠다는 목표를 세웠습니다. 어카운트 매니저는 고객과 배송팀, 그리고 손익을 관리하는 중요한 직책으로 막중한 책임이 따릅니다. 열심히 일한 결과, 저는 스물여덟 살의 나이에 어카운트 매니저로 승진할 수 있었습니다. 훌륭한 멘토 덕분에 기회를 잡을 수 있었다고 생각합니다. 그때부터 제 커리어에는 가속도가 붙기 시작했습니다.

지닌은 계속해서 열심히 일하고, 배우고, 성장하며 최고의 기술 리더가 되기 위한 자격을 갖추어나갔다. 그녀의 노력이 결실을 맺어 회사의 가장 큰 고객인 NMCI^{해군해병대인트라넷}에서 총괄 담당자가 되어달라고 요청해왔다.

요청을 수락하자 15억 달러의 예산을 가진 가장 큰 고객사를 감독하게 됨과 동시에 처음으로 정부 부처의 일을 맡게 되었습니다. 공공 비즈니스와 민간 비즈니스는 업무 방식뿐만 아니라 정책에도 차이가 있기 때문에 빠르게 숙지해야 할 것이 많았습니다. 처음 있는 일은 아니었지만 남성이 대부분인 환경에서 일하는 것도 또 하나의 도전과제였습니다.

이러한 요소를 모두 종합해볼 때 프로젝트를 성공적으로 이끌려면 그 누구보다 열심히 일하고, 그 누구보다 똑똑해야 한다는 생각이 들었습니다.

승진 당시, 지닌은 개인적으로 힘든 시기를 보내고 있었다. 두 자녀를 데리고 이사하기가 쉽지는 않았지만, 지닌은 그것을 새 출발의 기회로 여기고 미시간에서 버지니아로 이사를 결정했다. 하지만 NMCI에서 업무를 시작하기도 전에 지닌의 두 아이에게 심각한 건강 문제가 발생했다. 아픈 아이들을 보살피며 새로운 지역에서 제대로 된 지원 시스템도 없이 신규 업무를 시작해야 하는 상황은 굉장히 위험한 모험이었다.

회사에서 대규모 프로젝트 감독을 맡은 저에게 거는 기대가 컸기 때문에 제 개인사를 회사에 이야기하지 않았습니다. 직원들에게 그 일 때문에 신규 사업을 감당하지 못할 것이라는 의구심을 심어주고 싶지 않았기 때문입니다.

프로젝트 첫날, 사무실에 들어와 "실패라는 선택지는 없어. 난 할 수 있어"라고 말한 기억이 납니다. 아이들은 저에게 큰 힘이 되어주었습니다. 우리 가족이 살아가려면 저의 존재가 절실히 필요했기 때문입니다.

지닌은 두 아이를 건강하고 훌륭한 성인으로 키워냈을 뿐만 아니라 NMCI에서도 큰 성공을 거뒀다. 거기서 그치지 않고 2020년 미 다양성협회National Diversity Council가 선정한 '기술 분야에서 가장 영향력 있는 여성 50인'에 이름을 올렸고, 2020년 시카고 올해의 CIO최고정보관리책임자 ORBIE 어워드 수상, 2021년 CIO 100 어워드 수상, 2022년 올해의 CIO ORBIE 어워드에서 최종 후보로 선정되는 등 리더십과 기술 분야에서 큰 성공을 거두었다.

지닌의 이같은 성공은 철저하고 확고한 직업윤리, 기회를 포착하는 용기, 어려운 상황에서도 꿋꿋하게 앞으로 나아가는 진정한 힘 덕분이었다.

힘을 기르는 것이
일상의 습관이 되도록

힘은 신체적, 정신적, 정서적, 영적 힘 등 다양한 형태로 나타난다. 두려움 없는 리더는 균형을 유지하며 여러 형태의 힘을 개발한다. 신체적으로는 건강을, 정신적으로는 강인함을, 정서적으로는 균형을, 영적으로는 마음의 평정을 유지하는 것이 관건이다. 두려움·불확실성·의심은 예기치 않은 순간에 우리를 찾아오기 때문에 힘을 기르는 것이 일상의 습관이 되어야 한다. 불시에 닥치는 두려움에 맞서 싸우기 위한 힘을 비축해두어야 하는 것이다. 지금부터 리더가 갖춰야 할 다양한 차원의 힘을 구축하고 강화하는 방법에 대해 알아보자.

신체적으로는 건강을…

대다수 훌륭한 리더는 다른 사람들을 돕고 최고의 아이디어를 내기 위해 많은 시간을 투자한다. 그렇기 때문에 건강한 몸 관리에 소홀해서는 안 된다. 영양가 있는 음식을 먹고, 수분을 충분히 섭취하고, 헬스장에 나가고, 충분한 수면을 취하는 것이 조화롭게 이행되어야 한다. 음식, 물, 운동, 수면 등 신체를 관리하는 네 가지 핵심 요소에 집중하면 건강을 지키면서도 결승점에 도달하는 데 필요한 에너지를 얻을 수 있다.

정신적으로는 강인함을…

인간의 능력은 실로 놀랍다. 자신을 굳게 믿는 것만으로도 목
표를 달성할 수 있기 때문이다. 그런 점에서 "마음먹기 나름"이
라는 옛말은 틀린 게 없다. 정신적 힘이란 다른 사람들이 어떠한
압력을 가하거나 강요해도 즉각적으로 방향을 전환하고 문제를
해결할 수 있도록 하는 정신적 강인함이다.

정신적인 성장을 위해 활용할 수 있는 방법과 자원에는 어떤
것이 있는지 자문해보자. 재충전에 도움이 되는 활동이라면 무
엇이든 좋다. 사랑하는 사람들과 훈훈한 대화를 나누며 시간을
보내거나 햇살이 좋은 날 산책을 하거나 좋은 책을 읽는 등의 활
동은 긍정적인 에너지를 불어넣는다.

정서적으로는 균형을…

비즈니스에 분석이 중요한 만큼 감정에도 분석이 필요하다.
우리는 때때로 혼란과 불안을 겪는다. 자부심과 기쁨을 느끼기
도 한다. 팀을 격려하는 것도 업무의 일부다. 사람들은 특정 상
황에서 여러분이 어떻게 반응하는지 지켜본다. 균형과 침착함을
유지하고 진심으로 공감하며 좋은 일에 기뻐할수록 팀의 사기는

올라간다.

정서적 힘을 기르려면 솔직하게 표현하는 것을 부끄러워하면 안 된다. 또한 명확한 경계선을 그을 줄도 알아야 한다. 전문가의 말처럼 우리는 상황을 선택할 수는 없지만, 반응 방식을 선택할 수는 있다. 무엇이 나를 자극하는지 알아차리고 마음을 진정시키는 연습을 하자. 자신과 타인의 감정을 인정하면서도 냉정하게 현실을 파악해야 한다.

가장 중요한 것은 좋은 사람들에게 나의 마음과 시간을 쓰는 것이다. 나를 지지해주는 사람들과 자주 만나다 보면 모든 일에 조금 더 쉽게 대처하는 놀라운 균형감각을 얻을 수 있다. 혼자 모든 것을 해낼 필요는 없다.

영적으로는 마음의 평정을…

영적인 힘은 믿음을 기반으로 하든, 에너지의 연결을 기반으로 하든, 나의 목적이 우주의 깊은 곳과 연결되었음을 이해하는 것에서부터 시작된다. 이러한 고차원적인 힘의 존재를 믿을 때 우리는 충분한 안정감을 느낄 수 있는 상태가 된다.

눈에 보이지 않는 약점은 고칠 수 없다.

영적인 힘을 키우는 방법은 핵심 철학과 가치관에 따라 크게 달라진다. 기도나 신앙을 바탕으로 하는 예배, 마음챙김 연습, 영감을 주는 글귀 낭독, 심지어는 자원봉사를 통해 다른 사람들에게 선한 영향력을 미치는 것도 영적인 힘을 기르는 좋은 방법이다.

두려움 없는 리더가 되기 위해 필요한 모든 자질을 개별적으로 키울 수도 있지만 전체적인 그림을 염두에 두어야 한다. 한 분야의 강점이 다른 분야의 강점이 될 수도 있다. 개인의 강점이 팀 전체에 영향을 미치고, 나아가 회사 문화에 긍정적인 영향을 미칠 수도 있다는 사실을 잊어서는 안 된다.

사람들에게 여러분의 여정을 공개해도 좋다. 여러분의 성장이 사람들에게 영감을 줄 것이고 여러분이 더 큰 기회를 잡을 수 있는 사람이라는 것을 보여주는 기회가 될 것이다.

눈에 보이지 않는 약점은 고칠 수 없다는 사실을 기억하자. 자존심은 잠시 내려놓고 조언을 구하자. 객관적인 태도를 유지하고 경험과 실수로부터 배움을 얻는다는 믿음을 갖자. 그와 함께 자신에게 관용적인 태도를 유지하면 인생의 고난을 극복하고 앞으로 나아갈 동기와 힘을 얻을 수 있다.

용기,
기회를 포착하고 대담하게 행동하는 능력

"실패하더라도 일단 한번 해보자"

세상에는 누구나 부러워할 만한 멋진 사무실에서 일하는 사람도 있지만 그렇지 못한 사람도 있다. 가장 적임자가 승진할 때도 있지만 그렇지 않을 때도 있다. 나는 언제나 그 이유가 궁금했다. 지난 10년 동안 이 문제에 대해 고민하다 보니 그 원인이 관계, 영향력, 정서지능과 관련 있다는 사실을 알게 되었다. 경력이 부족하거나 사회에서 제대로 인정받지 못하는 사람들에게는 용기라는 강력한 정서 하나가 부족하다는 사실도 알게 되었다.

그렇다면 사회적인 측면에서 용기는 실제로 무엇을 의미할까? '용기'는 두려움·불확실성·의심·어려움·위험에 직면했을 때도 기회를 포착하고 대담하게 행동하는 능력을 말한다. 매번 승진에 고배를 마시는 사람들은 기회가 왔을 때 잡지 못했을 가능성이 크다. 나는 복잡한 문제를 해결할 훌륭한 솔루션을 가지고 있으면서도 그것을 제시하고 과감하게 실행에 옮기지 못하는 사람들을 수없이 목격했다. 실패에 대한 두려움과 결과에 대한 불확실성 그리고 자기 의심이 그 원인이었다.

《오즈의 마법사》에 나오는 사자처럼 지금 당장은 우리에게 용기가 없을 수도 있지만, 그렇다고 해서 용기를 키우지 못한다는 뜻은 아니다. 용기는 두려워도 과감하게 행동하겠다는 결심이다. 두려움 없이 살아가기 위해서는 때때로 과감하게 도전하고 의심에 직면하고 실패할 용기를 가져야 한다.

"여러분, 주목해주세요. 지난 4개월 동안 차량 300대의 공급 계약을 체결했습니다. 모두 여러분 덕분입니다. 정말 수고 많으셨습니다. 이제 고객사에서는 신규 프로젝트 착수에 앞서 앞으로 90일 동안 전국에 차량 3,000대를 배치해달라고 요청하고 있습니다. 전 가능하다고 생각합니다. 분명히 공급을 늘릴 방법이 있을 겁니다. 저와 함께하시겠습니까?"

1장에서 내가 존에게 두 가지 신규 사업에 착수하되 한 가지는 실패해도 괜찮다고 이야기했던 일화를 떠올려보자. 믿기 어렵겠지만 그로부터 6개월 후 존은 300대의 차량을 공급하던 것에서 90일 안에 3,000대의 차량을 공급하는 일을 담당하게 되었다. 존의 이야기를 들어보자.

브렌던이 우리 회사의 CEO로 취임했을 때 저는 입사 27년 차였습니다. 그때까지 약 30년 동안 미래 사업에 투자한다는 개념은 한 번도 접해본 적이 없었습니다. 회사는 항상 거래 중심으로 돌아갔습니다. 보유한 만큼 팔고, 판 만큼 재고를 채우는 식이었습니다. 장기적인 전략 없이 늘 팔고 채우기만 반복했습니다. 그런 문화에 익숙한 저에게 브렌던이 찾아와 계획도 없는 신규 사업을 위해 차량 500대를 선주문하라고 이야기한 겁니다. 저는 몹시 당혹스러웠습니다.

전례 없는 일이었습니다. 회사 차원에서도 지금껏 한 번도 그런 위험을 감수해본 적이 없었고, 그렇게 하라고 독려하는 이도 없었기 때문입니다.

회의 중 차량 500대를 발주하자는 브렌던의 제안에 위험 부담이 크니 50대 정도만 발주하는 것이 좋겠다고 이야기했던 것이 기억납니다. 팀장이었던 저는 위험을 감수하는 일이 두렵고 부담스러웠습니다. 하지만 함께 있던 팀원들은 "한번 해봅시다. 할 수 있어요"라고 말했습니다. 회사에 입사한 지도 얼마 안 됐고, 실패 확률을 줄이는 게 우선인 회사의 비즈니스 방식에 익숙하지 않은 팀원들의 마음이 일면 이해가 되기는 했습니다. 하지만 그 순간 '팀원들도 할 수 있다고 말하는데 두려움 때문에 망설이는 나는 얼마나 무사안일주의에 빠져 있는가'라는 생각이 들었습니다. 정신이 번쩍 들었습니다. 팀원들 덕분에 저는 처음으로 앞으로 한발 나아갈 용기를 낼 수 있었습니다. 두려움을 떨치고 변화의 문턱을 넘자 업무에 가속도가 붙기 시작했습니다.

전략적 행동은 제가 가진 강점 중 하나입니다. 일단 결정을 내리고 나면 혁신적으로 생각하고 해결책을 찾아 일을 진전시키려는 본능이 발동합니다. 이제 저는 비전을 가지고 결정을 내린 뒤 성공의 토대를 마련하면 기업이 더 빨리, 더 멀리 나아갈 수 있다는 사실을 믿어 의심치 않습니다. 이것은 훨씬 더 높은 성과를 거둘 수 있는 전략이기도 합니다.

저의 모토는 '일단 한번 해보자. 실패하면 다시 하더라도 계속 시도해보자'가 되었습니다.

실패할 용기와
성공에 대한 확신을 가져라

'실패할 용기와 성공에 대한 확신을 가지라'는 말은 사회생활 전반에 걸쳐 나의 길잡이가 되어주었다. 이따금씩 사람들이 이 말을 만들게 된 계기가 있냐고 물어보면 솔직히 잘 모르겠다고 답한다. 멋지고 대단하고 마법 같은 계기가 있었으면 좋겠지만 그렇지는 않기 때문이다. 나는 그저 이 문장을 가슴에 훈장처럼 달고 다닌다. 이것이 특별한 이야기에 근거한 것이 아니라 실제에 근거한 것임을 알기에 감사하게 여긴다. 그 덕분에 내가 맡은 모든 프로젝트를 소신대로 흔들림 없이 이끌어나갈 수 있었다.

언뜻 보면 확신 없이 용기를 가진다거나 용기 없이 확신을 가진다는 것이 모순처럼 느껴질 수 있다. 하지만 용기를 내 도전하면서도 이렇게 말하는 사람들이 있다. "저는 마라톤에 나가려고 훈련 중이긴 한데 42.195km를 완주할 수는 없을 것 같아요." 혹은 자신에게 사업을 시작하거나 책을 쓰거나 팀을 코치할 수 있는 능력이 있다는 것을 믿지만 과감하게 실행에 옮길 용기가 없는 이들도 있다. 다음 사례에 대해 생각해보자.

지나는 높은 성과를 내는 인재이자 성공에 대한 열망이 큰 타고난 리더다. 그녀는 커리어에 대한 목표를 세워 상사와 공유했다. 현재 회사에서도 높은 직책으로 승진하기 위해 적극적으로 노력하고 있으며 무엇이든 할 의지가 있었다. 기반을 탄탄하게 다져놓은 덕분에 그녀는 신규 부서의 디렉터로 발탁되었다는 소식을 들었다. 지금보다 훨씬 더 높은 직책일 뿐만 아니라 훌륭한 멘토들과 함께 일할 수 있는 절호의 기회였다. 하지만 기회를 잡으려면 고향인 로드아일랜드주를 떠나 캘리포니아주의 샌디에이고로 이주해야만 했다.

커리어는 물론 인생에 지각변동을 일으킬 수도 있는 중요한 결정을 내려야 할 순간이었다. 지나는 지금까지 소규모 팀을 훌륭하게 이끌며 높은 성과를 내왔다. 이제 그녀가 더 큰 무대로 나아가기 위한 대담한 커리어 전환을 원한다면 "예"라고 말할 수 있는 용기와 모든 일이 자신에게 유리하게 잘 풀릴 것이라는 믿음을 가져야 한다.

이 시점에서 고려해야 할 요소도 적지 않다. 남편의 생각은 어떨까? 내가 이 일을 잘해낼 수 있을까? 캘리포니아에 잘 적응할 수 있을까? 그곳에서 새로운 친구를 사귈 수 있을까?

만일 스스로에 대한 믿음이 부족해 제안을 거절한다면 지나는 오랫동안 현 직책에 머무르게 될 수도 있다. 지금의 생활에 만족한다면 괜찮지만 지나는 가장이고 커리어를 매우 중요하게 생각하는 사람이다. 이런 기회가 시도 때도 없이 찾아오는 것도 아니다. 이 시점에서 지나에게는 두 가지 선택지가 있다.

1. 어떤 팀원과 일하게 될지, 샌디에이고에서의 생활이 어떨지 모르기 때문에 안전하고 안정적인 현 직장에 머무르기로 하고 회사의 신규 부서 디렉터 제안을 거절한다.

2. 기회를 포착하고 미래에 대한 확신을 가지면 좋은 일이 일어날 것이라고 믿고 그 제안을 수락한다.

성공으로 가는 길에
갖춰야 할 9가지 요소

성공으로 가는 길은 구불구불하고 울퉁불퉁하며 미끄럽다. 움푹 파인 곳도 많고 장애물도 있다. 하지만 그 길 덕분에 안전지대를 벗어나 새로운 것을 경험하고, 새로운 사람을 만나고, 새로운 기술을 배울 기회를 얻기도 한다. 최종 목표는 사람마다 다르기 때문에 성공으로 가는 유일한 로드맵은 존재하지 않는다. 하지만 나의 개인적인 경험과 다른 많은 임원의 경험으로 미루어 보아 성공에 이르는 과정은 분명히 존재하는 것 같다. 나의 경험과 다른 사람들의 이야기를 바탕으로 아홉 가지의 성공 요소를 정리해보았다.

1. 좋은 '동반자'

나의 성공에 가장 큰 영향을 미치는 사람은 나와 대부분의 시간을 함께 보내는 사람이다. 좋은 동반자는 나에게 영감을 주고 나를 앞으로 나아가게 할 것이다. 그렇지 않은 동반자는 나의 앞

길에 걸림돌이 될 것이다. 나
는 사람들이 자신을 지지해
주지 않는 동반자 때문에 일
생일대의 기회를 놓치는 것
을 여러 차례 보았다.

> 나의 성공에 가장 큰 영향을
> 미치는 사람은 나와 대부분의
> 시간을 함께 보내는 사람이다.

개인적인 이야기를 하자면, 나는 결혼식을 두 달 앞두고 회사
로부터 근무지를 옮기라는 요청을 받았다. 시작도 못한 결혼생
활이 그대로 끝날 수도 있는 위기였지만 다행히도 아내가 상황
을 이해해주었다. 또 한 가지 다행인 것은 25년 동안 12번의 이
사를 하며 전국을 돌아다니면서도 여전히 행복한 결혼생활을 유
지하고 있다는 것이다.

2. 성공과 커리어에 관한 '계획'

성공을 위한 계획을 세우는 사람은 대개 성공한다. 계획이 완
벽하게 실행될 필요는 없지만 꼭 있어야 하는 것은 맞다. 매년
계획을 수립하고 분기별로 검토하는 것이 가장 좋다. 계획이 유
용한 이유는 커리어의 방향과 목표를 분명히 할 수 있기 때문이
다. 나는 1990년부터 커리어에 관한 계획을 세웠고 기회가 있을
때마다 계획을 참고해 결정을 내렸다.

강한 동기와 열정으로 높은 자리까지 올라간 임원들에게 성공

비결을 물으면 적절한 계획 덕분이었다고 입을 모은다. 계획이 반드시 옳을 필요는 없다. 중간에 수정을 해도 얼마든지 괜찮다. 하지만 목적지를 정확히 설정하지 않으면 결코 가고자 하는 곳에 도달할 수 없음을 기억하자.

3. 목표 달성에 최선을 다하는 '집중'

성공적인 커리어를 위해서는 온전히 집중하는 자세가 필요하다. 쉬거나 취미를 즐길 시간도 필요하지만 업무 시간에는 고도의 집중력을 발휘할 필요가 있다. 목표를 달성하기 위해서는 노력과 에너지, 시간과 자원을 쏟아부어야 한다. 앞서 언급했듯, 계획이 있으면 집중력을 발휘하는 데도 도움이 될 것이다. 시간, 노력, 에너지는 다시 되돌릴 수 없으므로 선택한 일에 최선을 다하자.

4. 자신에 대한 '헌신'

일에 집중하려면 헌신적인 노력이 뒷받침되어야 한다. 성공을 원한다면 자기 자신과 자신이 선택한 직업에 헌신해야 한다. 누군가의 도움이나 지원을 바라기 전에 자신에게 먼저 헌신해야 한다. 성공을 원하는 80%의 사람 중에서 장기적인 성공을 이뤄내는 사람은 20%도 되지 않는다. 단기적인 성공이 목표라 할

지라도 성공을 위해 헌신하는지 그렇지 않은지가 60%의 차이를 만드는 셈이다.

5. 개인 시간을 줄이는 '희생'

모든 결정에는 양보와 희생이 따른다. 직장에서도 다르지 않다. 이제 막 팀장급으로 승진했다면 유흥에 쓰는 시간은 줄이고 추가적인 프레젠테이션 준비에 더 많은 노력을 기울여야 한다. 나는 주말이나 늦은 밤까지도 프레젠테이션이나 스프레드시트를 준비했는데, 그것이 개인적으로 매우 큰 도움이 되었다고 자신 있게 말할 수 있다.

6. 관심 분야에 대한 '열정'

성공적인 커리어를 위해서는 자신이 어떤 분야에 열정을 가지고 있는지 파악해야 한다. 무엇이 나를 설레게 하는지, 무엇이 밤잠을 못 이루게 하는지 알아야 한다. 나는 시스템, 사례, 숫자에 관심이 많았기 때문에 부실기업 회생 분야에서 성공할 수 있었다. 진심으로 열정을 쏟았기에 사람들에게 진정성 있는 모습을 보여줄 수 있었다. 그 덕분에 사람들도 나를 따랐다. 성공으로 가는 길은 결코 호락호락하지 않은 고된 여정이다. 진정한 열정을 가진 사람만이 비로소 성공을 거머쥘 수 있다.

7. 일에 열정을 쏟을 '에너지'

성공한 사람들은 에너지를 창출하고 활용하는 방법을 안다. 원치 않는 프로젝트를 맡게 될 수도 있지만, 그럴 때일수록 더더욱 프로젝트를 발전시키기 위한 에너지가 필요하다. 나는 하루 종일 일하는 데 필요한 에너지를 얻기 위해 아침 운동을 거르지 않는다. 에너지가 충만하면 더 많은 일에 열정을 쏟을 수 있다. 자신의 에너지 창출에 도움이 되는 것이 무엇인지 파악하고 꾸준히 에너지를 충전하자.

8. 기회의 원천 '리더십'

성공 공식에서 절대로 빠지지 않는 것이 바로 리더십이다. 리더십은 본질적으로 기회의 원천이다. 기회가 있어야 커리어의 흐름을 바꿔놓을 수 있다는 것은 자명한 사실이다. 기회는 누구에게나 주어지지 않는다. 리더가 되려면 책임감과 진정성을 갖춰야 한다. 일관성 있는 행동과 공동의 목표를 위해 팀원들과 협동하는 것, 경청하는 능력과 실행력이 매우 중요하다.

9. 성공적인 커리어의 발판 '용기와 믿음'

충실하게 커리어를 쌓다보면 선택해야 하는 순간이 온다. 편안한 장소에서 적당한 혜택을 누리며 큰 스트레스 없이 일하는 것과 미지의 세계로 나아가는 것 사이에서 선택해야 하는 순간이 오는 것이다. 미지의 세계는 두렵고 내 능력에 비해 벅차다고 느낄 수 있지만, 인생의 전환점이 될 것이다. 성공적인 커리어를 위한 발판이 될 것임은 물론이다. 여기까지 왔다면 여러분은 "예스"라고 말할 자격이 있다.

지나는 회사의 제안을 사양했다. 장기적으로 보면 그녀와 그녀 가족에게 옳은 결정이었을지는 몰라도 그런 기회가 또다시 찾아오리라는 보장은 없다. 지나 대신 그 자리를 채운 사람은 잭이었다. 훌륭하게 프로젝트를 완수한 잭은 회사에서 인정받으며 승승장구했다. 그 기회 덕분에 잭의 커리어는 날개를 달았다.

실패할 가능성이 있어도 과감하게 행동할 용기를 가졌는가? 기회를 놓치지 않는다면 성공할 수 있다는 믿음이 있는가?

믿음,
리더로 성장하는 원동력

"나는 당신을 믿으니
당신도 자신을 믿으세요"

커리어 초반에 나는 댈러스에 살며 EDS에 다녔다. 그러던 어느 날 지금 당장 부회장님과 면담을 가지라는 연락이 왔다. "네! 지금 바로 가겠습니다"라고 대답했지만 머릿속은 수천 가지 생각과 의심과 불확실성으로 복잡했다. '내가 뭘 잘 못했나? 아니야, 아직 시작도 못한 일 때문인지도 몰라.' 둘 중 어느 쪽이든 좋은 일로 나를 호출한 것은 아니라는 생각이 들었다. 사무실 근처에 살던 나는 다행히도 두려움·불확실성·의심에 잠식당하기 전에 부회장실에 도착했다.

"반가워요, 브렌던. 잘 지냈나요?"

"네. 잘 지냈습니다."

"좋네요. 브렌던의 이름이 여기저기서 계속 거론되고 있는데, 알고 있어요?"

왼쪽 관자놀이에 땀방울이 맺히는 게 느껴졌다.

"아, 그렇습니까?"

"네. 모두 브렌던을 긍정적으로 평가하고 있어요."

나는 잠시 목을 가다듬고 말했다.

"감사합니다."

"알다시피 우리 회사는 지금 몇 가지 변화를 시도하고 있어요. 새로운 영업 책임자를 뽑는 것도 그중 하나죠. 나는 브렌던이 그 역할을 맡아주었으면 좋겠어요."

나는 있는 힘을 다해 침착함을 유지하려고 노력했다.

"네? 제가요?"

"네, 브렌던. 우리 회사 영업부의 총책임자가 되어주세요."

나는 어안이 벙벙했다.

"네? 말씀은 진심으로 감사하지만 저보다 경험도 많고 더 뛰어난 분들이 많다고 생각합니다. 잠시 생각할 시간을 좀 가져도 될까요?"

"브렌던보다 경력이 오랜 사람들이 많다는 걸 제가 모를 것 같나요?"

"아닙니다. 다 아시리라 생각합니다."

"나는 브렌던이 그 누구보다 이 역할을 훌륭하게 해낼 거라 믿어요. 사람들도 당신을 믿고 있어요. 브렌던에게는 사람들의 자신감을 고양시키는 능력이 있어요. 그래서 그 자리에 적격이라고 생각해요. 저도 브렌던을 믿어요. 제 결정이 옳았다는 것을 보여주세요."

그날은 나의 커리어와 인생 전체를 완전히 바꿔놓았다. 나는 기회를 잡았다. 그가 나에게 보여준 믿음은 나를 리더로 성장시켰다. 내 곁에는 언제나 나를 믿는 사람들이 있었지만 그는 달랐다. 나와 가까운 사람도, 친구도, 가족도 아니었기 때문이다. 한 기업의 임원이 "나는 당신을 믿으니 당신도 자신을 믿으세요"라고 이야기했던 순간은 나에게 강렬한 인상을 남겼다.

사무실을 나설 때 나는 마치 구름 위를 걷는 기분이었다. 얼떨떨하면서도 이런 생각이 들었다. '그분도 나를 믿는다는데, 나도 나를 좀 더 믿어도 되지 않을까?'

자신을 강하게 믿을수록 자신감은 커진다. 그 자신감은 금요일 오후 다섯 시에 퇴근하면서 사라지는 것이 아니다. 이러한 자신감은 5킬로미터 마라톤을 할 때도, 학부모회에 가입할 때도, 아이가 소속된 유소년 야구팀의 코치를 맡을 때도, 교회 성가대에서 노래를 부를 때도 유지된다. 믿음은 리더십과 마찬가지로 우리의 내면에서 계속 성장하기 때문이다.

믿음의 형태는 다양하다. 영적이고 종교적일 수도 있고 순수한 자신감과 신념에서 비롯될 수도 있다. 자신을 믿는 훌륭한 리더는 역경이 닥치거나 두려움이 엄습해도, 마음속에 불확실성과 의심이 싹트거나 주변 사람들이 나약해져도 자신이 가진 힘을 발휘할 수 있다.

영화 제작자 채드가 가진
4가지 믿음

20년 전 그리스도의 생애를 다룬 미국 TV드라마 시리즈 〈선택받은 자The Chosen〉의 프로듀서인 채드 건더슨Chad Gundersen을 처음 만났을 때, 나는 그가 목표지향적이며 목표 달성에 대한 확고한 믿음을 가진 사람이라는 것을 분명히 알 수 있었다.

내가 '두려움 없는 리더십'을 신이 내게 준 선물로 여기는 것처럼 채드는 '영화 제작'을 신이 준 선물이라고 믿는 사람이었다. 나는 그에게 "프로듀서가 되고 싶은데 왜 퍼스널 트레이너로 일하고 있느냐"고 물었다. 그는 "돈이 필요해서이기도 하지만 퍼스널 트레이너로 일하면 영화 제작에 유연하게 대처할 수 있을 것이기 때문"이라고 답했다. 그는 훗날 언젠가 자신이 하고 싶은 일을 하기 위해 지금 해야 하는 일을 하고 있었던 것이다.

그 후 수년 동안 채드는 언제 꿈을 이룰 수 있을지, 언제 노력이 결실을 맺을지 모르는 불안정하고 불확실한 시기를 보내면서도 열정과 희생으로 자신의 목표를 향해 나아갔다. 나는 그런 그의 모습에 경외심이 들었다.

아내 아만다는 언제나 저를 믿었지만 처음에는 제가 왜 그 일을 하는지, 왜 제대로 된 직업을 갖지 않는지 궁금해했습니다. 12년 전 둘째 아이가 태어나면서 가족의 신뢰는 더욱 두터워졌습니다. 영화계에서 제 이름이 알려지기 시작하면서 저는 본격적으로 영화 제작에 몰두해야 하는 시점이라고 생각하게 되었습니다. 그 무렵 아만다는 가족 모두가 영화 제작에 뛰어들어 함께 힘을 모아야겠다는 깨달음을 얻었다고 합니다. 서로에 대한 믿음을 바탕으로 함께 일하면서 저의 커리어와 우리 가족의 인생은 크게 달라졌습니다. 모든 것이 긍정적으로 변하고 있었습니다.

영화 제작은, 아니 연예산업과 관련된 대부분의 일은 꽤나 가혹하게 여겨진다. 전작의 성공을 뛰어넘기 어려울 때도 있고 힘들게 쌓은 업적이 한순간에 물거품이 되기도 한다. 지금까지 자신의 신념에 따라 충실하게 커리어를 쌓은 채드는 영화 업계에서 큰 성공을 거뒀다. 채드는 네 가지 믿음을 마음에 새겼다고 한다. 자신에 대한 믿음, 나라는 존재보다 더 큰 힘이 존재한다는 종교적 믿음, 타인에 대한 나의 믿음, 나에 대한 타인의 믿음이 바로 그것이다.

신에게 나를 위한 계획이 있을 거라는 믿음, 나 자신에 대한 믿음, 나에 대한 가족의 믿음은 내 주변 사람들에게도 영향을 미칩니다. 프로듀서인 저는 프로그램에 대해 모든 책임을 집니다. 저는 모든 것이 제 잘못이라고 말합니다. 다른 사람을 탓하지 않습니다. 고함을 치지 않습니다. 저는 "일단 문제를 해결하고 왜 그런 일이 일어났는지는 나중에 알아보자"라고 말합니다. 프로듀서로서 제가 선택한 이 방식이 다른 사람들에게 믿음을 준다고 생각합니다. 우리 제작사는 4명으로 구성되어 있고 전적으로 서로를 지지합니다. 제가 그들을 지지한다는 사실을 그들이 알고 있기 때문에 그들은 저를 신뢰합니다. 우리는 항상 서로에게 이익이 되는 방향으로 생각하고 행동한다는 믿음이 있습니다. 내가 상대방을 위해 희생한 만큼 상대방도 나를 위해 희생할 것이라고 확신하십니까? 바로 그 마음이 우리를 성공으로 이끕니다.

그는 많은 작품을 성공시켰지만, 특히 〈선택받은 자〉는 엄청난 희생과 노력의 결과로 탄생한 훌륭한 작품이다. 그는 신에게 그를 위한 계획이 있다는 것을 믿었고 그것이 현실로 나타난 순간이었다고 당시를 회상했다.

〈선택받은 자〉는 역사상 가장 큰 규모의 크라우드 펀딩 프로젝트였습니다. 전 세계적으로 약 5억 회에 달하는 조회수를 기록했고 이제 곧 세 번째 시즌을 앞두고 있습니다. 아만다와 저는 아이들에게 "너희의 희생이 있었다는 사실을 알고 있단다. 너희는 우리가 최선을 다해 영화를 만들 수 있도록 도와주었어. 너희 덕분에 성공할 수 있었어"라고 말해주었습니다.

봉사,
타인을 위해 낯선 곳으로 떠나는 여행

"내가 누군가를 위해
무엇을 할지 고민하라"

타인을 위해 끊임없이 봉사하길 권한다. 두려움 없는 리더는 열정적인 봉사자다. 이들은 희생정신이 무엇인지, 묵묵히 봉사함으로써 나에게 돌아오는 것이 무엇인지 안다. 인간에게는 인정받고 싶은 욕구가 있기 때문에 드러나지 않는 곳에서 묵묵히 봉사하는 것은 쉬운 일이 아니다. 하지만 그 가치를 아는 두려움 없는 리더의 내면에는 강력한 봉사의 의지가 타오른다.

타인을 위해 봉사하는 것은 마치 해군 특수부대의 임무와도 같다. 봉사란 지금까지 존재하는지도 몰랐던 문제를 해결하기 위해, 혹은 내 머리로는 이해하기 힘든 사람들을 돕기 위해 낯선 곳으로 떠나야 하는 여행과도 같기 때문이다. 때론 그 임무가 너무나도 비밀스러워 승리에 일조한 사람이 나라는 사실을 나 혼자만 알기도 한다.

사회초년생일 때는 업무를 완수하면 인정을 받는다. 가령 A라는 업무를 해내면 "잘했다"라는 말은 듣는 것이다. 이는 유소년 야구팀이나 걸스카우트에서 트로피, 리본, 배지 등을 받는 것과 같은 외적 보상이다.

하지만 리더로서 타인을 위해 봉사하겠다고 결심하면 우리는 타인에게 보상을 '주는' 사람이 된다. 다시 말해 리본과 상장, 트로피를 수여하는 사람이 되는 것이다. 그런 리더는 타인을 인정하고 그 사람에게 박수를 보낼 때 내적 기쁨과 보람을 느끼며 다시 그것에 힘입어 봉사하는 사람이다.

봉사는 타인을 생각하는 이타적인 마음이다. 오직 두려움 없는 리더에게만 봉사라는 소명이 주어진다. 나의 유익이 아니라 다른 사람의 유익을 위해 자신을 희생해야 하기 때문이다.

봉사의 참뜻을 이해하면 누군가를 위해 무엇을 할 수 있을지 끊임없이 고민하게 된다. 세상을 조금 더 나은 곳으로 만들기 위해 노력하는 것이다. '내가 어떤 도움을 줄 수 있을까?'라고 끊임없이 자문하게 된다.

받는 사람이 아닌
주는 사람이 되는 것

그렇다면 봉사와 회사 업무 사이에는 어떤 관계가 있을까? 먼저 우리는 회사의 목표에 대해 생각해봐야 한다. 모든 회사는 비즈니스의 이유와 목적이 분명해야 하며 어떤 업종에 속하든 다른 사람을 위해 봉사하겠다는 태도가 업무의 기본이 되어야 한다.

사람들은 자신이 본 대로 행동하는 경향이 있다. 여러분이 누군가를 도우면 직원들은 여러분의 모습에서 영감을 얻는다. 서로 돕고 더 쉽게 협업하며 공동 목표를 달성하기 위해 최선을 다할 것이다. 모두가 기여할 수 있고, 모두가 중요하다는 것을 이해하기 때문에 사내 정치는 필요치 않다.

봉사를 통해 얻는 것이 많다면 누구나 봉사에 뛰어들려 할 것이다. 그러나 인간의 본성과 문화는 때때로 우리를 야수로 만든다. 우리는 맡은 일을 해내고 인정받을 때 짜릿함을 느낀다. 무언가를 제대로 해냈다는 느낌과 인정받는 느낌을 싫어하는 사람은 없을 것이다.

봉사하는 사람이 되려면 이 모든 것을 버리고 받는 이가 아닌 주는 이가 되어야 한다. 자신의 가치관에 충실한 삶을 살기 위해서는 타인으로 향하는 시선을 거두고 나에게 집중해야 한다. 이는 나의 가치관과 강점이 무엇인지 진지하게 고민해야 함을 의미한다. 그럴 준비가 되지 않았다면 타인에게 봉사하는 일은 불가능하다. 이타적으로 살다 보면 계획하지 않은 곳에 가거나 생각지도 못한 문제를 해결해야 하는 상황이 오기도 한다. 그러한 불확실성 때문에 두려움을 느낄 수도 있다. 하지만 예측할 수 없는 상황이나 익숙하지 않은 상황에서도 두려워하지 않는 태도가 중요하다.

봉사의 가치가 증명되는 순간

봉사에 대해 생각할 때면 군대를 떠올리지 않을 수 없다. 미해군특수부대 네이비실Navy SEAL은 가장 뛰어난 부대다. 네이비실이 특별한 이유는 극도로 은밀하게 임무를 수행하는 부대이기 때문이다. 부대원들은 자신이 임무에 기여했다는 사실을 아는 유일한 사람이며 계속해서 그것을 기밀로 유지해야 한다.

회사에서도 마찬가지다. 내가 아닌 타인에게 인정받을 기회와 지원을 제공할수록 나라는 존재는 잊히기 쉽다. 그렇다고 해서 눈에 띄지 않는 존재가 중요하지 않은 존재라는 의미는 아니다. 집의 기초는 눈에 보이지 않지만 그것이 없다면 집은 무너진다. 팀을 위해 봉사하는 사람은 팀의 기초와 마찬가지다.

하지만 봉사자도 결국에는 인간이기 때문에 희생과 봉사에 과연 그만한 가치가 있는지 계속해서 자문하게 될 것이다. 나의 봉사가 사람들에게 긍정적인 영향을 미쳤

> 선한 일을 하는 것은 그것이 옳은 일이고 내가 그 일을 할 수 있기 때문이지 높은 자리로 올라가기 위해서가 아니다.

다고 자신에게 당당하게 말할 수 있고, 그 영향이 무엇인지 분명하게 설명할 수 있다면 바로 그때가 봉사의 가치를 증명하는 순간일 것이다.

봉사의 가치는 결과로도 드러난다. 자신의 가치관에 따라 주어진 임무를 완수했는가? 사람들의 행동 방식이나 능력 면에서 세상은 여러분이 믿는 가치에 더 가까워졌는가? "예"라고 답할 수 있다면 여러분은 목표를 달성한 것이다.

봉사를 통해 자유를 얻을 수 있다는 사실을 받아들이고 창업자, 임원 혹은 관리자로서 혼자 모든 트로피를 거머쥐거나 비즈니스를 대표하는 얼굴이 되어야겠다는 생각을 버려야 한다. 선한 일을 하는 것은 그것이 옳은 일이고 내가 그 일을 할 수 있기 때문이지 높은 자리로 올라가기 위해서가 아니다. 나와 개선이 필요한 주변 현실을 직시한다면 자신과 비즈니스와 커뮤니티를 올바른 방향으로 이끌 수 있을 것이다.

겸손,
성공할수록 말을 아끼는 태도

승리의 기쁨을 누리기 전에
받은 혜택을 생각하라

승리에는 다양한 보상과 인정, 새로운 기회가 따른다. 잎서 말
했듯 외적 보상에는 승진, 인정, 상, 언론 기사 등이 포함되고 내
적 보상에는 만족감, 기쁨, 동기부여 등이 포함된다. 이 두 가지
를 모두 경험하는 것이 중요하다. 성공은 자신감을 키우는 가장
좋은 방법이며 타인의 두려움도 없애주므로 친구와 가족, 동료
에게 자신감을 불어넣어줄 수 있다.

두려움 없는 리더로서 여러분의 성취는 곧 팀 전체의 성취를
의미한다. 성취를 통해 팀원들은 용기를 얻는다. 우리는 외적 보

상이라는 세계에 살고 있다. 새로운 기회를 잡기 위해서는 나를 알리고 인정부터 받아야 할 때도 있다. 마더 테레사, 마틴 루터 킹 주니어, 마하트마 간디가 겸손하다는 사실에 모두가 동의할 것이다. 하지만 사람들에게 선행을 인정받았기에 이들은 더욱더 사명을 다할 수 있었고 세계적으로 더 큰 영향력을 발휘하게 되었다. 기술·재능·봉사·승리로 인정을 받는 것은 개인에게 직접적인 도움이 될 뿐만 아니라 인생의 더 큰 목적을 달성하는 데 긍정적인 영향을 미치기도 한다.

앞서 부회장님과의 면담 후 내가 영업 책임자로 승진하게 되었다는 이야기를 기억할 것이다. 나는 시스템 엔지니어로 회사에 입사했지만 고객을 위해 문제를 해결할 때 진정한 기쁨을 느꼈다. 그런 이유로 문제 해결에 필요한 시스템과 애플리케이션 개발에 참여할 수 있는 영업 부서로 자리를 옮긴 것이다.

나는 창의성을 발휘하고 다양한 팀을 이끄는 일이 즐거웠고 결과로 승패를 따질 수 있다는 점이 좋았다. 마치 스포츠에 열광하던 어린 시절로 돌아간 느낌이었다. 덕분에 영업부에서 좋은 성과를 냈다. 몇 년 연속으로 가장 많은 영업 수익을 올려 회사에서 주는 상도 받았다. 상을 받을 때는 나도 모르게 겸손한 마음이 들었다. 승리의 기쁨을 만끽하거나 축하 파티를 열고 싶다는 생각은 들지 않았다. 아마도 또다시 이만큼의 성과를 올릴 수 있을까, 퇴보하지는 않을까 하는 두려움 때문이었던 것 같다.

한편으로는 유소년 야구팀 소속이던 시절, 코치님이 "패배했을 때는 말을 아껴라. 승리했을 때는 더 말을 아껴라"라고 말씀하셨던 게 가슴에 깊이 박혀 있기 때문인지도 모르겠다. 나는 고객을 위해 반드시 문제를 해결하고자 열정을 다하고 겸손했기에 엄청난 승진 기회를 거머쥐었다고 생각한다. 나의 핵심 가치인 봉사와 겸손이 나의 성장에 가장 중요한 밑거름이 되었다.

누군가로부터 인정받고 보상받기 위해 봉사하는 것은 진정성 있는 봉사라고 보기 어렵다. 그 사이에서 균형을 잡는 것이 핵심이다.

49년이 지나
생명의 은인을 만난 날

2018년 1월, 차 한 대가 계속해서 우리 집 앞을 왔다 갔다 하는 게 보였다. 그것은 두 가지 이유에서 매우 미심쩍었다. 첫째, 우리 집 앞은 차가 거의 다니지 않는 한적한 곳이다. 둘째, 무언가 이상하다는 직감이 들었다. 적어도 당시에는 우리 집 앞에서 운전자가 길을 잃고 헤맬 만한 이유가 전혀 없었다. 내가 누군가의 타깃이 될 이유도 없었다.

어떤 날은 집에서 나와 차에 올라타는데 그 차가 또 보였다. 이번에는 우리 집에 가까워질수록 속도를 줄이더니 진입로 앞에 멈춰 서는 게 아닌가. 수만 가지 생각이 떠올랐다. 어떤 범죄자가 저렇게 뻔뻔하게 행동할 수 있으며, 또 무슨 이유로 내 집 앞을 몇 주 동안이나 서성일 수 있단 말인가. 심장 박동이 빨라지는 게 느껴졌다. 마치 대치 상황이나 추격전이라도 벌어질 것 같은 기분이었다. 누가 먼저 움직일까? 내가 먼저 나서야겠다는 판단이 섰다. 회사에서도 나는 두려움 없는 리더이기에.

내가 다가가자 자동차 창문이 스르륵 내려갔다. 안에는 흰 수염을 기른 나이 지긋한 신사가 타고 있었다. 나는 일단 고개를 끄덕이며 미소를 지었다.

노신사가 물었다. "저를 아시나요?"

"혹시 산타 아니신가요? 조금 늦게 오신 것 같긴 합니다만." 내가 답했다. 조금은 긴장이 풀렸지만 여전히 모든 것이 의문투성이였다.

"그럴 리가요. 제 이름은 피트 캐드웰입니다."

나는 그가 누구인지 떠올릴 시간을 벌기 위해 그의 이름을 큰 소리로 반복해 말했다. 익숙한 이름이었지만 도무지 기억나지 않았다. 그러자 그가 입을 열었다. "저는 당신이 태어났을 때 당신의 목숨을 구한 사람입니다."

나는 1969년 7월 30일에 태어났다. 출산 예정일보다 두 달 먼저 세상에 나온 나는 몸무게가 1킬로그램도 되지 않았다고 한다. 의료진이 24시간 내내 곁을 지키며 나를 살리기 노력했지만 목숨이 위태로웠다. 태어나자마자 세례를 받은 것도 그 때문이었다. 살기 어려웠던 이유 중 하나는 어머니와 나의 혈액형이 RH-이기 때문이었다. 수혈이 절실하게 필요한 상황이었지만 받을 수 있는 피가 없었다.

하지만 부모님은 포기하지 않았다. 헌혈해줄 수 있는 사람을 찾기 위해 라디오와 텔레비전의 도움을 받은 것이다. 그리고 기적적으로 동부 지역에서 일곱 명의 헌혈자를 찾을 수 있었다. 그중 한 명이 바로 피트 캐드웰이었던 것이다. 피트의 말을 듣고 머릿속에서 모든 퍼즐이 맞춰졌다.

"세상에, 피트. 당신이 바로 7들 중 한 분이셨군요!"

그가 고개를 끄덕였다. 온몸에 전율이 흘렀다. 피트가 왜 우리 집 앞을 서성였는지, 왜 이제 와서 나를 만나기로 결심했는지는 알 수 없지만, 당시에는 그저 '드디어 생명의 은인을 만났구나' 하는 생각밖에 들지 않았다. 파도처럼 밀려오는 감정과 어지러이 뒤섞인 단어들 사이에서 겨우 정신을 차리고 어떻게 여기에 오셨는지를 물었던 것 같다.

"아마도 알고 있겠지만 5년 전부터 당신 집 앞을 지나다녔어요." 그가 말했다.

그랬다. 피트는 우리 집 근처에 살고 있었다. 그런데도 겨우 몇 주 전에야 그의 차를 수상하게 여겼다니 통탄할 노릇이었다. 피트가 지금까지 왜 한 번도 찾아오지 않았는지 궁금했지만, 그는 그럴 필요성을 느끼지 못했다고 했다. 그는 내가 아이들과 노는 모습을 몇 번 보았고 내 커리어에 대해서도 알고 있었다. 그는 내가 어떻게 성장하고 있는지, 내가 어떤 삶을 사는지 꾸준히 지켜봤다고 말했다.

보통의 경우라면 그런 말을 들었을 때 소름부터 끼쳤을 것이다. 하지만 나는 그렇지 않았다. 나는 그에 대해 아무것도 모르는데 그는 나에 대해 어떻게 그렇게 많이 알고 있는지, 피트가 오랫동안 나를 지켜보았다는 것이 무슨 뜻인지 궁금했을 뿐이었다. 뭐라고 말해야 할지 고민하는 사이 고맙게도 피트가 먼저 입을 열었다.

"오늘은 개인적으로 일이 좀 있었어요. 그래서 그냥 멈춰 서서 당신과 얘기하고 싶다는 생각이 들었지요." 그의 말대로 우리는 이야기를 나눴다. 함께 사진도 찍고 언제든 나를 만나러 와도 좋다고 말했다. 낯선 이의 생명을 구하고도 아무런 대가를 바라지 않는 사람, 친절하고 겸손한 태도로 상대를 특별한 사람으로 만들어주는 사람, 피트는 그런 사람이었다.

나는 인생을 살며 많은 은혜를 입었다. 그래서 그 은혜에 보답하거나 다른 누군가에게 은혜를 베풀기 위해 노력한다. 나는 긍정적인 생각, 감사하는 마음, 두려움에 굴복하지 않는 태도를 잃지 않기 위해 최선을 다한다. 낮은 생존 가능성을 가지고 미숙아로 태어난 내가 지금 이 자리에 있다는 것만으로도 이미 승리한 것이나 다름없기 때문이다.

피트는 내가 최선을 다해 좋은 영향력을 발휘하며 살아야 할 또 다른 이유가 되어주었다. 피트 덕분에 누군가 나를 바라보고 있을지도 모르며, 나의 삶이 그 사람에게 매우 큰 의미가 될 수도 있다는 사실을 깨달았다. 최선을 다해 살아야 할 이유를 또 한 가지 찾은 셈이다.

리더십의 진리,
"나쁜 팀은 없다. 오직 나쁜 리더만 있을 뿐"

강력한 책임감으로 조직을 이끈 이야기

리더십은 다음 세 가지 개념으로 간략히 설명할 수 있다.

1. 책임감을 가진다.
2. 체계적으로 팀을 운용한다.
3. 공동의 목표를 달성한다.

1장에서 이야기했듯이 두려움 없는 리더는 자신에게 주어진 일이나 자신이 주도적으로 이끌어야 하는 일에 대해 책임져야 한다. 리더십이 확장될수록 주어지는 도전과제는 더욱 복잡해지

> **우리는 개인일 때보다 팀으로 뭉쳤을 때 더욱 강하다.**

고 기회는 더욱 커질 것이다. 그러다 보면 필연적으로 더 많은 두려움과 불확실성과 의심을 마주하게 된다.

하지만 여러분은 두려움을 극복하고 끊임없이 다가오는 도전과제와 기회에 대비할 수 있게 될 것이다.

두려움 없는 리더는 직원들을 개인이 아닌 팀으로 결집시켜 훌륭하게 운용하는 사람이다. 우리는 개인일 때보다 팀으로 뭉쳤을 때 더욱 강하다. 나는 매년 스포츠 시즌이 끝나면 어떤 팀이 얼마나 고전했고 어떤 팀이 얼마나 성장했는지를 분석한다. 우승 트로피도, 베스트 플레이어 상도 없는 오프시즌에도 큰 즐거움을 느낄 수 있는 방법이다. 우승팀을 분석하면 리더가 어떻게 선수들을 한 팀으로 조직해 운용했는지를 평가할 수 있다.

두려움 없는 리더는 공동의 목표를 설정하고 팀원들과 함께 모든 집중력을 쏟아부어 그 목표를 달성한다. 강력한 리더십이 얼마나 중요한지, 혹은 그것의 부재가 얼마나 안타까운 일인지를 분명하게 보여주는 사례를 소개하겠다.

레이프 바빈Leif Babin은 기초수중폭파 및 특수전Basic Underwater Demolition/SEAL의 훈련 교관을 양성했던 자신의 경험을 『네이비씰 승리의 기술Extreme Ownership』이라는 책에 담았다. 그중 네이비실 지옥 주간에 진행된 악명 높은 보트 나르기 훈련에 관한 일화를 소개한다.

각 조 리더는 보트 경주 우승이라는 공동의 목표를 달성하기 위해 대원 6명을 뽑아 자신의 조를 조직해야 했다. 훈련 교관은 각 조가 서로 경쟁하며 임무를 완수할 수 있도록 계속해서 복잡하고 새로운 지시를 내렸다. 이를테면 이런 것이다. "노를 저어 서프 존(파도가 가장 높고 위험한 구간)으로 간 다음 보트를 뒤집어 바다로 뛰어든다. 다시 보트를 바로 세우고 올라타 노를 저어 해변으로 온다. 모래 언덕을 넘어 표시된 반환점을 돌아 줄타기 장애물까지 보트를 머리에 이고 운반한다. 그리고 다시 언덕을 넘어 이곳으로 온다. 알겠나?"

계속해서 차가운 물에 몸을 던져야만 하는 훈련생들은 완전히 지쳐버렸다. 그런 상황이라면 조원들에게는 물론 자기 자신에게 동기를 부여하는 것도 버겁다.

해당 지옥 주간에는 2조가 모든 경주에서 두각을 드러냈다. 조원들의 사기도 높았다. 반면 6조는 모든 경주에서 꼴찌를 기록하고 있었다. 조장과 조원들은 훈련 내내 고함을 치며 서로를 비난했다. 매 경기, 패배한 대원들에게는 벌칙이 주어졌다. 성적이 나쁠수록 벌칙은 더욱 가혹했다. 6조에서는 결속력을 전혀 찾아볼 수 없었고 그것은 매번 형편없는 성적으로 이어졌다.

이를 지켜보던 네이비실의 주임 상사는 가장 잘하는 조와 가장 못하는 조의 조장을 바꾸자고 제안했다. 조원, 보트, 규칙과 지침 등 다른 모든 변수는 그대로 둔 채 딱 하나, 조장만 바꾸자는 제안이었다.

2조 조장은 내키지 않았지만 결의에 찬 표정으로 임무를 받아들였다. 반면 6조 조장은 자신의 불명예를 씻을 기회를 잡았다고 생각하는 것 같았다. 결과는 어떻게 됐을까? 꼴찌만 하던 6조가 레이스에서 우승하기 시작했다. 전임 조장의 지휘로 최고의 성과를 냈던 2조는 여전히 좋은 성적을 내기는 했지만 더 이상 모든 경주에서 우승하지는 못했다. 사실, 조장을 바꾸고 처음 한 시간 동안은 6조가 대부분의 경기에서 우승을 차지했다. 꼴찌에서 최고가 된 6조의 조원들은 더 이상 서로를 원망하지도, 욕설을 퍼붓지도 않았다.

바빈은 자신도 이 놀라운 변화를 직접 목격하지 않았다면 믿기 어려웠을 것이라고 말한다. 이것은 극한 상황에서의 오너십, 즉 강력한 책임감에 관한 가장 근본적이고 중요한 진실을 드러낸 사례였다. "나쁜 팀은 없다. 오직 나쁜 리더만 있을 뿐이다."

2조 조장은 처음 배정받은 조원들과 두 번째로 배정받은 조원들을 책임지고 이끌었다. 조의 구성원은 달라졌지만 책임을 받아들이고, 조원을 통솔해 공동의 목표를 달성하겠다는 그의 의지에는 흔들림이 없었다. 이것이 바로 두려움 없는 리더십의 모습이다.

처음으로 리더가 되었을 때

나의 첫 관리직은 미 국방부의 의료 시스템 소프트웨어를 개발하는 엔지니어링팀을 감독하는 일이었다. 당시 나는 스물세 살이었고, 내가 감독하는 직원들의 나이는 스물여덟에서 쉰다섯 살 사이였다. 팀에서 가장 나이가 많은 게리는 30년 이상의 경력을 가진 훌륭한 프로그래머였다. 실력이 월등히 뛰어났기 때문에 나의 프로그램을 고쳐주기도 했고 그럴 때마다 나는 주눅이 들었다.

나는 직원들에게 동기를 부여하고 즐거운 업무 환경과 문화를 만드는 데 소질이 있었다. 하지만 직원을 개인별로 관리하는 일에는 그리 능숙하지 못했다. 내 스타일은 획일적이었고, 모든 직원을 똑같은 방식으로 관리하면 안 된다는 것을 배워야 했다. 사실 게리는 나의 관리가 필요한 직원이 아니었다. 자신이 무슨 일을 하고 있는지 자신이 가장 잘 알고 있었기 때문이다.

반면 내 또래였던 사라는 업무의 진척도를 높이기 위해 실무적인 도움이 필요한 상황이었다. 다른 직원들에게는 게리와 사라 사이의 적당한 접근방식이 필요했다. 나는 리더로서 팀원들을 잘 파악해야 한다는 것을 배우기 시작했다.

나는 목표를 달성하기 위해 팀을 결집시키는 데 탁월했다. "자, 갑시다! 함께 힘을 내 이 고비를 넘겨봅시다!" 하지만 목표 달성에 지나치게 열중하다 보니 팀원들을 과도하게 밀어붙일 때도 있었다.

금요일 오후가 되면 나는 팀원들에게 "월요일치 목표까지 달성할 수 있을 것 같아요. 주말에도 열심히 해봅시다. 제가 피자 사올게요!"라고 말했다. 모두가 게리에게 구원의 눈길을 보내면 게리는 "잘하고 있네요. 한번 해보죠"라고 말했다. 나를 가장 주눅 들게 했던 사람이 나의 가장 든든한 지원자가 되어주었다. 게리는 나를 자랑스럽게 여겼고, 나에게 앞으로 좋은 리더가 될 거라고 말해주었다.

돌이켜보면 갓 관리직으로 부임한 어리숙한 리더에게 인내심을 갖고 응원의 말을 건네준 직원들에게 너무나도 고마운 마음이 든다. 젊고 어리숙한 리더들은 배워야 할 일이 많다. 지금은 그때보다 조금 더 노련한 리더가 되었지만 여전히 다양한 일을 통해 교훈을 얻고 있으며 과거의 경험으로 얻은 귀중한 지혜를 바탕으로 어려움을 헤쳐나가고 있다.

올곧은 가치관을 지녀야 하는 이유

1991년 EDS의 오리엔테이션 및 교육 주간 첫날, 직원 6만 명을 거느린 기업 회장 제프 헬러*Jeff Heller*가 강연자로 왔다. 그는 부드러운 텍사스 억양으로 따뜻한 인사를 건넨 뒤 칠판으로 가 커다란 원을 하나 그렸다. "이 원은 우리 고객 모두의 가치관입니다."

그리고 그 안에 원을 하나 더 그렸다. "이것은 일부 고객들의 가치관입니다."

그다음 원 한가운데에 점을 찍고 이렇게 말했다. "이것은 EDS 직원들의 가치관입니다. 우리는 모든 고객에게 최고의 서비스를 제공할 수 있도록 가장 깨끗하고, 완벽하고, 올곧은 가치관을 지녀야 합니다."

그의 말은 나에게 깊은 인상을 남겼다. 나는 자라며 가치관의 소중함을 배웠다. 내 책상에는 힘·용기·믿음·봉사·겸손·리더십이라는 단어가 붙어 있다. 헬러의 강연은 가치관이 얼마나 중요한지 다시금 일깨워주었다. 헬러가 말한 두 번째는 "거짓말을 하지 않으면 자신이 한 말을 애써 기억할 필요가 없다"였다.

짧은 문장이지만 엄청난 울림을 주었다. 그가 전달한 전체적인 메시지를 요약하자면 이러했다. "당신은 좋은 회사에 입사했습니다. 좋은 사람이 되세요. 그러면 훌륭한 커리어와 멋진 인생을 누리게 될 겁니다."

제4장

모두에게 꼭 필요한
영향력 있는 사람이 돼라

영향력을 미친다는 것은 가슴 벅찬 일이다. 한 번 그 기분을 느끼고 나면 멈추고 싶지 않을 것이다. 주위를 둘러보면 이 세상에, 커뮤니티에, 비즈니스에, 혹은 어떤 누군가에게 영향력을 발휘하는 일에 재능이 있는 사람들이 있다. 그런 사람이 팀에 들어가면 그 팀은 주목받기 시작하고, 비영리 단체 위원이 되면 업무가 가속화된다. 하지만 영향력을 행사하는 타고난 재능이 없더라도 우리는 얼마든지 이런 능력을 개발할 수 있다. 타고난 재능이 있다면 더욱 갈고닦으면 된다.

두려움 없는 리더가 되려면 '좋은 사람이 돼라'에서 언급한 여섯 가지 핵심 가치를 실천하고, 일관성 있는 성과를 내기 위해서는 이번 장에서 언급할 세 가지 원칙 비전·목표·생산성을 기억하는 것이 좋다.

비전이 없으면 팀도, 나도 길을 잃는다. 비전을 명확하게 표현하는 가장 좋은 방법은 간결함, 관련성 그리고 스토리텔링이다. 비전은 모든 사람이 이해할 수 있을 만큼 간결해야 하고, 회사의 모든 직책이 비전과 어떤 관련이 있는지 설명할 수 있어야 하며, 스토리를 만들고 예시와 비유를 통해 비전에 생명력을 불어넣어야 한다. 리더가 설명하지 못하는 일을 팀원이 이해할 수는 없다.

비전은 그것을 달성하기 위해 얼마나 노력하느냐에 따라 가치가 달라진다. 사람들이 이해하고 실행할 수 있는 목표를 설정하고 그에 따라 행동하는 것은 두려움 없는 리더가 갖춰야 할 자질이다. 높은 성과와 평범한 성과의 차이를 만드는 것은 결국 목표 달성 여부다. 정확한 목표 설정과 달성은 두려움 없는 리더십을 여타 다른 형태의 리더십과 구분 짓는 요소다.

성공적으로 목표를 달성하려면 생산성을 높여야 한다. 성공한 사람은 주어진 일을 완수GSD, Getting Stuff Done하는 사람이다. 시간은 누구에게나 공평하게 주어지며 하루는 언제나 24시간이다. 생산성이 높은 사람들은 매일 매 순간을 최대한 활용할 줄 안다.

어떤 이들은 생산성을 높이는 방법을 자연스레 터득하기도 한다. 자녀가 있다면 알 것이다. 부모가 재촉하지 않아도 정해진 시간에 스스로 숙제를 해내는 아이가 있는가 하면, 어떤 아이는 제출 날짜에 가까워져서야 부모의 도움을 받아 부랴부랴 숙제를 한다. 직장 생활도 다르지 않다. 어떤 사람은 효율적으로 빠르게 일을 끝내는 반면, 어떤 사람은 회의 시간이 다 되어서야 일을 끝낸다. 여기 내가 아는 확실한 사실 두 가지가 있다.

- 생산성을 높이는 유일한 방법은 없다.
- 단순한 시스템을 가진 사람이 가장 높은 생산성을 자랑한다.

초등학교 시절 세인트 크리스 스쿨St. Chris School의 청소년팀에서 농구를 하면서 나는 처음으로 단순한 시스템에 대해 생각해보았다. 내 실력은 전반적으로 평범했지만 자유투 성공률이 부끄러울 정도로 낮았기에 자유투 라인에 설 때마다 자괴감을 느꼈다. 잘하고 싶었다. 골대로 공을 몰고가 슛을 쏘는 플레이를 좋아했던 나에게는 필연적으로 자유투를 던져야 하는 상황이 자주 생겼다. 하지만 그렇다고 해서 슛을 포기할 수는 없었다. 해결 방법을 찾아야만 했다.

그러던 어느 날 보스턴 셀틱스Boston Celtics의 래리 버드Larry Bird가 경기에서 모든 자유투를 멋지게 성공시키는 모습을 보았다. 나도 전설적인 선수 래리 버드처럼 슛을 잘 쏘고 싶었다. 나뿐만 아니라 모든 아이가 그를 닮고 싶어했다. 몇 주 뒤 버드의 인터

뷰를 보게 된 나는 그의 높은 자유투 성공률이 매일 다른 선수들이 퇴장한 후 자유투를 100개씩 던진 덕분이었다는 것을 알게 되었다. 허무할 만큼 단순한 방법이었다. 나는 당장 다음 날부터 그 방법을 따라했다. 그러자 한 달 만에 평균 자유투 성공률이 80% 이상으로 올라갔다. 하루에 100개씩 슛을 던지기만 하면 일관성, 자신감, 생산성이 향상되는 아주 놀랍고도 단순한 경험을 한 것이다.

래리 버드의 훈련 시스템은 나에게 엄청난 영향을 미쳤다. 그 덕분에 나는 자유투 성공률을 높일 도구를 얻었고, 지금까지도 '비전+목표+생산성=폭발적인 영향력'이라는 믿음을 가지게 되었다.

비전,
가슴을 설레게 하는 내적 동기

13살짜리 소년은 어떻게 꿈을 이뤘을까

비전을 가진 사람 하면 흔히 일론 머스크, 멜린다 게이츠와 빌 게이츠, 마더 테레사, 스티브 잡스와 같이 세상을 바꾼 선구자들을 떠올리기 쉽다. 비전은 각기 다르지만 모두 엄청난 영향력을 가졌다.

테슬라를 설립한 머스크의 비전은 자동차 산업에 혁신을 일으켰으며 화석연료 의존도를 낮추는 데 지대한 영향을 미치고 있다. 예방 가능한 질병의 퇴치라는 비전을 가진 빌앤멜린다게이츠재단은 인도에서 소아마비를 근절하는 데 일조했다.

전 세계 극빈자를 돕고 그들을 대변하고자 했던 테레사 수녀의 비전은 100개국이 넘는 나라에서 선교단체 517개를 설립하는 것으로 이어졌으며, 스티브 잡스의 비전은 오늘날 우리에게는 없어서는 안 될 모바일 기기의 발명으로 이어졌다는 사실을 모르는 이는 없을 것이다.

모든 비전이 세상을 구원할 필요는 없다. 리더십과 마찬가지로 누구나 자기 나름의 비전을 가질 수 있으며 그것은 자기 계발에 관련된 것일 수도, 커뮤니티 공원을 조성하는 일일 수도, 고객에게 최고의 서비스를 제공하기 위해 동료들과 힘을 모으는 일일 수도 있다. 우리에게는 비전을 설정하고 공유하고 달성할 능력이 있다.

꿈을 꾸고 그것을 향해 달려가는 데 나이는 상관 없다. 브라이언 캐머런[Brian Cameron]을 보면 알 수 있다. 나는 아들이 중학교 2학년 때 라크로스(그물이 달린 스틱으로 공을 잡아 골대에 넣는 단체 운동−옮긴이) 팀을 통해 브라이언을 처음 알게 되었다. 그가 대학생이 되자 우리 회사에 인턴십 프로그램이 있으니 관심 있으면 지원해보라고 이야기한 적이 있다. 하지만 브라이언은 이렇게 답했다. "감사하지만 저는 라크로스 코치가 되고 싶기 때문에 그 자리에는 어울리지 않는 것 같습니다."

나는 이 청년이 자신의 미래에 대해 명확한 비전을 가지고 있으며, 그것을 이루기 위해 필요한 것과 필요하지 않은 것이 무엇인지 알고 있다는 사실에 깜짝 놀랐다. 그는 현재 국립대학체육협회 1부 리그에서 라크로스 선수로 뛰고 있다.

브라이언은 중학교 2학년 때 라크로스 장학생으로 노스캐롤라이나 대학에 진학하겠다는 목표를 세웠다. 그 꿈을 이루려면 라크로스 실력을 갈고닦는 것은 물론 고등학교 성적도 일정 수준 이상으로 유지해야 했다. 고도의 집중력이 필요한 일이었다. 그렇다면 이 열세 살짜리 소년은 어떻게 그 꿈을 이룰 수 있었을까?

> 인생은 끊임없는 유혹으로 가득합니다. 집중력을 잃지 않으려면 매일 매 순간 정확한 판단으로 여러 사소한 결정을 내려야 합니다. 고등학교 때 제 친구들은 서로 어울려 놀거나 영화관에 갈 때가 많았습니다. 하지만 저는 평생 언제든 마음만 먹으면 볼 수 있는 영화를 지금 보러 갈 것인지, 아니면 1부 리그 라크로스 선수가 될 수 있는 단 한 번의 기회를 잡기 위해 목표에 충실한 삶을 살 것인지 결정해야 했습니다. 그리고 열세 살 때의 꿈을 이룬 지금, 정말 행복합니다.

대학에 들어간 뒤 전미 대학 라크로스 선수로 뽑히는 것을 목표로 삼은 브라이언은 이제 목표 달성을 코앞에 두고 있다. 하지만 고등학교 시절 느꼈던 유혹은 대학에 와서도 여전했다.

모두가 외출하거나 파티를 하고, 다양한 활동을 즐기는 주말이 되면 저도 힘들었습니다. 그럴 때마다 "그게 내 꿈을 이루는 데 도움이 될까?"라고 자문했습니다. 답이 '아니오'라면 그 일을 하지 말아야 합니다. 물론 일상에는 균형이 필요하다는 것을 알고 있습니다. 하지만 저는 궁극적으로 목표를 달성하는 데 도움이 되는 방향으로 모든 결정을 내리고 싶습니다. 이는 단순히 방해 요소를 차단하는 것뿐만 아니라 매 단계 목표를 설정하고 달성하는 과정이기도 합니다. 건강한 식습관과 최상의 컨디션 유지도 일상적인 목표 중 하나입니다.

집에 머무르는 방학 때는 흐트러지기 쉽습니다. 그래서 2013년에는 서머 그라인드Summer Grind라는 모임을 만들었습니다. 뉴햄프셔에는 훌륭한 선수들이 많기 때문에 이 지역에서 1부 리그 라크로스 선수로 활동하는 20명을 모아 그룹 채팅을 개설한 겁니다. 처음에는 채팅 창에 훈련 모임 공지를 올리면 많은 선수가 참여했습니다. 하지만 매일 연습에 참여하는 선수는 결국 대여섯 명 정도로 추려졌습니다. 우리는 결코 시간을 허투루 보내지 않았습니다. 계획에 따라 웨이트 트레이닝, 라크로스 훈련과 경기를 하루 최대 다섯 시간씩 진행했습니다.

다 함께 목표를 이루기 위해 노력하다 보니 서로를 위한 지원 시스템도 만들어졌습니다. 영양 섭취와 훈련 등 꿈을 이루기 위해 필요한 것들에 대해 각자 책임을 지고 관리하는 것입니다. 저보다 더 큰 꿈을 가진 사람들과 함께라면 제가 궁극적으로 더 나은 사람이 될 것이라고 믿기 때문에 그들과 함께하는 것이 즐겁습니다.

비전이 있는가? 그것을 이루기 위해 매일 노력하는가? 혹시 비전을 정의하는 데 어려움을 겪고 있다면 다음에 소개하는 팁이 도움될 것이다.

도전에 성공하기 위한
명확한 비전 만들기

명확한 비전은 성공적인 비즈니스의 초석이다. 사람들에게 업무를 배정하고 모두와 커뮤니케이션하기 위해서는 이해하기 쉬운 명확한 비전이 필요하다. 그게 없다면 신뢰를 얻고 효과적인 전략을 세우는 일은 한낱 꿈에 불과하다.

두려움 없이 리더십을 발휘하고 의심을 극복하려면 비전이 명확해야 하는 것은 물론 개인적으로도 깊이 공감할 수 있는 것이어야 한다.

지나치게 장황한 설명은 독이다. 비전을 제시하는 일 또한 어려운 일이며, 비전에 반대하거나 그만두라고 말하는 사람도 있을 것이다. 각자의 고유한 경험과 배경이 만들어내는 차이를 극복해야 한다. 뿐만 아니라 비즈니스 윤리를 염두에 둬야 하고, 물류 문제를 해결해야 하고, 자재 수급이 마법처럼 제때 이루어지도록 해야 한다. 결코 쉬운 일이 아니다.

그렇다면 이 모든 것을 가능하게 하는 내적 동기는 무엇일까? 바로 '이유'다. 여러분에게는 더 나은 미래를 위해 노력할 '이유'가 있기 때문이다. 비전이 가져올 변화를 이해하고 간절히 원한다면 내 앞을 가로막는 장애물이 얼마나 많은지, 얼마나 큰지는 그리 중요하지 않다. 나의 노력에 '이유'가 있기 때문에 계속해서 용기를 가지고 도전과제에 맞설 수 있다. 다른 사람들이 '달성할 수 없을 것'이라고 말하는 일에 계속 도전하는 것도 자신은 그 일을 할 수 있고, 해야만 하며, 그것 말고는 다른 대안이 없다는 진정한 믿음이 있기 때문이다.

이제 여러분은 비전에 개인의 내적 동기를 담아야 하는 이유를 알게 되었다. 하지만 나와 비전 사이에 진정한 연결고리가 만들어졌다는 사실을 어떻게 확인할 수 있을까? 자신의 비전에 충실할 수 있는 방법을 소개한다.

1. 가치관을 확립하고 규칙을 정할 것

누구나 일할 때 기준이 되는 가치관과 철학을 가지고 있다. 문제는 주변 사람들이 그 가치관과 철학에 타협하고 그들이 믿는 바에 따라 행동하도록 종용할 수도 있다는 사실이다. 그렇기 때문에 자신의 이상을 단단하게 확립하고 온화한 태도로 자신의 입장을 고수할 수 있어야 한다. 그러면 안전한 경계를 설정하면서도 자신의 비전에 충실할 수 있다.

자신의 가치관이 무엇인지 모른다면 습관을 한번 살펴보자. 자신의 행동을 보면 무엇을 중요하게 여기는지 알 수 있다. 가치관에 변화가 필요하다면 작은 습관부터 바꿔보기를 권한다.

2. 트렌드에 집착하지 말 것

비즈니스 업계에는 유행에 뒤처지면 실패한다는 말이 있다. 민첩하고, 적응력이 뛰어나며, 유연해야 한다는 뜻이다. 틀린 말은 아니지만 트렌드에서 의도적으로 벗어나려는 의지가 있어야 혁신을 도모할 수 있는 것도 사실이다. 리더십의 동기가 변화나 기회에 따라 갈대처럼 흔들려서는 안 된다. 두려움 없는 리더라면 강력한 동기를 가져야 하며 주변 환경에 굴하지 않고 굳세게 앞으로 나아갈 수 있어야 한다.

주변 사람들의 말에 흔들리지 않아야 한다. 자신에게 중요한 것은 무엇인가? 자신의 머리와 가슴에 콕 박혀 밤잠을 설치게 하는 것은 무엇인가? 그 해답이 나침반이 되어 여러분을 올바른 방향으로 인도할 것이다.

3. 자신의 직감에 집중할 것

꿈과 내가 온전히 하나가 되면 설렘이 두려움을 압도하고 '불가능'이라는 단어는 설 곳을 잃는다. 꿈에 대해 말할 때 설렘이 느껴지지 않는다면 새로운 꿈이 필요하다는 뜻이다. 스스로 납득할 만한 비전이 필요하다. 그러한 비전이 없다면 사람들은 당신을 따르지 않을 것이다.

사업이나 업무 환경이 100% 완벽하지 않아도, 사람들이 당신의 꿈에 대해 불가능하다 말해도, 그것은 꿈에 영향을 미치지 않는다. 타인의 기준에 자신을 맞출 필요는 없다. 어떤 활동이 자신을 고양시키는지 생각해보고 그것을 인정하자. 자신의 직감을 믿고 나를 행복으로 이끄는 길로 걸어가자.

그 누구보다 '나에게' 의미 있는 비전을 만드는 것이 가장 좋다. 성공을 꿈꾸는 비즈니스 리더라면 특히 자신만의 비전을 세워야 한다. 그래야 어떤 위기가 와도 스스로 동기를 부여할 수 있다. 자신의 가치를 정의하고, 트렌드에 대한 집착을 버리고, 무엇이 나를 설레게 하는지 파악한다면 자신에게 의미 있는 비전을 만들 수 있다. 비전을 세웠다면 주변 사람에게 그것을 있는 그대로 당당하게 이야기하자.

목표,
스마트하고 구체적으로 세울 것

바로 행동에 옮길 수 있는 목표가 좋다

처음부터 비전을 가지고 태어나는 사람은 없다. 길을 잃고 같은 자리를 빙글빙글 맴돌고 있다는 것을 깨닫기 전까지는 그저 주어진 상황에 따라 행동하고 결정하는 일도 부지기수다. 2015년에 처음 만난 앤디 쇼너시Andi Shaughnessy와 대니엘 카터Danielle Carter 자매도 그랬다.

아버지는 30년 동안 보스턴에서 배달 사업을 운영하셨습니다. 2012년, 아버지가 암으로 돌아가시자 앤디와 저는 아버지 사업을 어떻게 해야 할지 결정해야 했습니다. 당시 앤디는 뉴욕에서 방송 관련 일을 하고 있었고 저는 세 아이를 키우는 주부였습니다. 우리는 고심 끝에 사업을 이어받기로 결정했지만, 처음 3년은 정말이지 너무나도 힘들었습니다. 살아남기 위해 할 수 있는 모든 것을 다 했습니다.   - 대니엘

동의합니다. 정말 힘들었어요. 대니엘과 제가 수년 동안 한 일이라고는 물건을 배달하고 전화를 받는 일뿐이었으니까요. 저희는 사업 운영에 대해 아는 것이 전혀 없었습니다. 회계사와 만나 회사의 성공 가능성을 따져보는 일도 우리에게는 엄청난 도전이었습니다. 초기 적자가 상당했기 때문에 '두 달만 더 버텨보자'라는 생각으로 버텼습니다. 손익 계산서가 뭔지도 몰랐죠. 발등에 떨어진 불을 끄느라 하루가 어떻게 가는지도 몰랐습니다. 하지만 브렌던의 코칭을 받은 후 우리는 주어진 일을 하는 데만 급급하지 않고 주체적으로 사업을 운영할 수 있게 되었습니다.   - 앤디

회사에서 일한다는 것은 주어진 '업무'를 한다는 뜻이다. 고객 전화 응대, 직원 관리, 이메일 회신 등이 여기에 포함된다. 그러나 주체적으로 일을 한다는 것은 그 의미가 조금 다르다. 부서와 팀을 위한 구체적인 계획이 있는지, 고객 유치 전략이 있는지, 목표는 무엇이며 목표를 달성할 방법은 무엇인지 등을 시간

을 갖고 고민하는 일이 포함되기 때문이다. 이러한 고민을 통해 영업 계획을 세우고, 전문성을 개발하고, 더 많은 고객을 확보해 사업을 성공으로 이끌 수 있다.

앤디와 대니엘을 처음 만났을 때 그들에게서 비즈니스에 대한 비전을 찾아보기는 어려웠다. 그러나 이들에게는 목표를 설정하고 그것을 위해 노력하는 힘이 있었다. 이들은 목표를 세우고 바로 행동하기 시작했다. 회의를 마치고 엘리베이터를 기다릴 때도 노력을 게을리하지 않았다. "그래, 시간제 인사 담당자를 고용해서 바보 같은 의사 결정을 되풀이하지 말아야겠어."

"그래. 그게 좋겠어. 그다음엔?" 이들은 계속해서 목록을 만들어나갔고 마침내 모든 목표를 달성했다. 깊이 파고들어 원하는 바를 이루어내는 그들의 의지는 내가 코칭을 이어가게 한 원동력이었다. 앤디와 대니엘은 누구보다 진심이었고, 진정성 있었으며 스스로 성장할 수 있는 체계를 만들어나갔다. 정말 멋진 모습이었다.

가족들 외에 우리가 해낼 수 있다고 믿어준 사람은 브렌던이 유일했습니다. 그 덕분에 자신감이 생겼습니다. 그는 우리가 한발 물러서서 더 큰 그림을 그릴 수 있도록 도와주었고 목표가 무엇인지 스스로 질문을 던질 수 있도록 이끌어주었습니다. 우리는 계속해서 긍정적으로 성장하고 있습니다. 우리는 목적지를 설정하고 그 곳까지 가는 데 필요한 작은 목표들을 설정하는 법을 배웠습니다. 목표를 달성할 때마다 그다음 목표를 세울 자신감이 생겼고, 우리가 세운 모든 이정표는 우리를 앞으로 나아가게 하는 원동력이 되었습니다. 2년 차에는 연 매출이 100만 달러를 조금 넘겼습니다. 10년 차에는 월 매출이 100만 달러를 넘겼습니다. 우리가 그 이정표에 도달할 수 있었던 이유 중 하나는 고객과 함께 성장하는 법을 배웠기 때문입니다.

매사추세츠 동부와 뉴햄프셔 남부에만 서비스를 제공하던 시기, 가장 큰 고객사가 뉴저지로 사업을 확장한다며 도움을 요청했습니다. 우리는 "안 됩니다. 불가능해요"라고 말하며 거절했습니다.

하지만 브렌던이 실행 가능한 목표를 세분화하는 데 도움을 주었고, 우리는 결국 그 목표 이상으로 더 많은 것을 달성했습니다. 우리는 한 주 한 주 차근차근 사업 범위를 확장해 새로운 다섯 개 주로 진출했습니다. 성공할 거란 자신감은 직원들에게도 전파되었고, 우리는 직원들이 스스로 목표를 설정하도록 장려하고 있습니다. 그것이 가능한 이유는 우리가 어디로 향하고 있는지, 어떻게 하면 그곳에 도달할 수 있는지 알고 있기 때문입니다. 이제 전 직원이 우리의 계획과 비전과 목표를 이해하고 있으며, 이를 통해 회사와 함께 성장하고 있습니다.

중간 이정표로서의 목표를
설정해야 하는 이유

생애 처음으로 마라톤에 도전하는 사람은 머릿속에 결승선을 통과하는 모습을 아무리 그려보아도 며칠 혹은 몇 달 안에 완주하기 어렵다는 사실을 안다. 42.195km를 달릴 신체적, 정신적 능력이 뒷받침될 때까지 차근차근 지구력을 키워야 한다. 또한 완주를 위해 중간중간 이정표가 될 만한 작은 목표를 세워야 한다. 그렇지 않고서는 결승선을 통과하기 어렵다. 목표를 세우면 다음과 같은 유익을 얻을 수 있다.

- 목적지까지 흔들림 없이 나아가도록 하는 장기적 비전
- 동기를 부여하고 영감을 주는 단기적 성취
- 잠재력을 발휘할 수 있는 집중력
- 시간과 자원을 체계적으로 관리하는 능력
- 진척 상황을 확인하고 책임감을 상기하는 지표
- 새로운 목표, 더 큰 목표를 세울 자신감

지금쯤이면 내가 목표를 세우는 데 열광하는 사람임을 눈치챘을 것이다. 내가 기억하는 한 나는 언제나 목표를 세우는 사람이

었다. 실제로도 1990년부터 지금까지의 연간 목표가 파일 하나에 전부 들어 있고, 올해 목표도 벽에 붙어 있다. 나는 그 목표를 되돌아보며 그간 나의 삶이 어떻게 발전해왔는지 보는 것을 좋아한다.

처음 세웠던 목표는 좋은 대학을 나와 결혼을 하고 아이를 낳는 단순한 것이었다. 그리고 그 목표를 달성하면 나의 비전과 그에 따른 목표가 바뀌었다. 어떻게 하면 아이들에게 최고의 아빠가 될 수 있을까? 어떻게 하면 다른 사람들에게 긍정적인 영향을 줄 수 있을까? 그러한 질문이 나의 비전과 목표를 세우는 길잡이가 되었다.

내가 목표를 설정하고 실행하는 방법은 언제나 동일하다. 여러분의 목표 설정과 수정에 도움이 되는 몇 가지 팁을 소개한다.

■ 목표는 스마트^{SMART}하게 세워야 한다는 사실을 기억하자. 'SMART'는 피터 드러커가 그의 저서 『경영의 실제^{The Practice of Management}』에서 설명한 목표관리 기법으로, 이 방법에 따라 주요 목표를 설정해보기 바란다.

• 구체적일 것^{Specific}: 목표는 명확하며 구체적이어야 한다. 그리고 나아갈 길을 보여줄 수 있어야 한다. 최종 목적지를 명확히 정의하여 원하는 곳에 수월하게 도달하자.

- 측정 가능할 것^{Measurable}: 정확한 시간, 정확한 양, 정확한 날짜 등 숫자를 토대로 측정할 수 있는 목표를 세우고, 진척도를 평가하고, 성공을 축하하자.
- 달성 가능할 것^{Achievable}: 달성 가능한 목표인지 따져보되 너무 쉬운 목표는 지양한다. 또한 도전의식을 불러일으키는 것이어야 한다.
- 관련성 있을 것^{Relevant}: 목표는 자신의 비전과 관련되고 자신이 원하는 삶이나 커리어의 방향과 일치해야 한다.
- 기한이 정해져 있을 것^{Time-Based}: 마감기한, 일정표, 점검일을 포함하는 목표여야 긴장을 유지할 수 있으며 그 과정에서 작은 성공들을 축하할 기회가 생긴다.

■ 목표는 구체적일수록 좋다. 그러나 장황한 설명은 금물이다. 목표를 구체화하는 방법은 다음과 같다.
- 목표 중에서 가장 중요한 것 세 가지를 골라 적는다.
- 10개 이하의 단어로 목표를 설명한다.
- 목표를 이루기 위해 해야 하는 일을 두 가지에서 네 가지 정도 정한다.

아침에 일어난 100명의 사람 중		
목표가 없는 **86명**	목표가 있는 **11명**	목표를 작성한 **3명**
성공 가능성 **없음**	성공 가능성 **10배**	성공 가능성 **30배**

이제 여러분에게도 멋진 목표가 생겼다! 목표를 이루기 위한 계획을 세우고 그것을 기록하는 것만으로도 여러분은 3% 안에 든다. 이제 본격적으로 노력해보자. 간단한 시스템을 도입해 생산성과 GSD^{업무 완수율}를 높일 수 있는 방법을 찾아보자.

간결함,
생산성을 높이는 힘

아마존의 간결함이 가져온
비즈니스 효과

간결함을 유지하자. 인간은 지능이 높은 동물이기 때문에 지나치게 많이 생각하고, 과도하게 계획하며, 일을 복잡하게 만드는 경향이 있다. 래리 버드의 자유투 연습에 대해 생각해보자. 훈련이 끝나고 매일 100개의 슛을 추가로 던졌을 뿐이다. 공의 회전, 손의 위치, 다리의 쓰임, 골대 뒤에 초점을 맞추는 법 등을 머리가 아닌 몸으로 익히며 자신감을 키우기 위해 매일 똑같은 훈련을 반복했다.

간결함으로 비즈니스 효과를 극대화한 가장 좋은 예는 바로 세계 최대의 전자상거래 업체 아마존이다. 아마존에서는 물건 구매가 쉽고 간단하다. 원클릭 결제에서부터 아마존 팬트리 버튼(식료품 배송 서비스—옮긴이), 정기구독 서비스, 익일 배송에 이르기까지 그 어느 때보다 간편하게 쇼핑을 즐길 수 있다. 고객의 반응은 뜨거웠다. 그 덕분에 아마존은 세계에서 가장 높은 브랜드 가치를 지닌 기업 중 하나로 성장할 수 있었다.

그렇다면 다른 기업들은 왜 아마존의 성공 발자취를 따르지 않는 것일까? 답은 간단하다. 아마존의 DNA에는 사용자 편의성과 간결함이 깊이 새겨져 있는 반면, 경쟁사들은 새롭고 편리한 기능을 모방했다가도 곧 익숙하고 복잡한 방식으로 돌아가기 때문이다.

아마존의 간결함을 두려움 없는 리더십에 어떻게 적용할 수 있을까? 사람들이 당신을 따르고, 이해하고, 소통하고, 친구가 되고, 이웃이 되고, 당신을 위해 일하고, 당신과 함께 일하는 시스템을 간결하게 구축하는 방식으로 그것을 활용할 수 있다.

간결함의 핵심은 사람들이 공감할 수 있는 비전이나 목표, 반복 가능하고 일관된 시스템, 간결함을 유지하려는 끊임없는 노력, 이 세 가지다.

간결함을 유지하기란 쉽지 않다. 성인 여럿을 한자리에 모으면 간단한 일도 매우 복잡해진다. 점심으로 피자를 시킨다고 하면 몇 시에 배달시킬지, 어떤 피자를 시킬지, 언제 어디서 먹을지 등 온갖 의견이 홍수를 이룬다. 피자는 그냥 피자일 뿐인데 말이다.

"마시멜로를 곁들인 스파게티 주세요"

피터 스킬먼Peter Skillman의 마시멜로를 끼운 스파게티 탑쌓기 챌린지는 우리가 해결책을 모색할 때 어떤 방식으로 접근하는지를 보여주는 좋은 예다. 4명이 한 조가 되어 다음의 재료를 사용해 가능한 한 가장 높은 구조물을 만드는 것이 챌린지 내용이다.

- 조리하지 않은 스파게티 20가닥
- 투명테이프 약 1미터
- 노끈 약 1미터
- 마시멜로 1개

탑 꼭대기에 마시멜로를 올려놓아야 한다는 것이 유일한 규칙이다. 스킬먼은 경영대 학생, 엔지니어, 유치원생 등 다양한 집단과 함께 이 챌린지를 진행했다.

경영대 학생들은 바로 전략을 세우기 시작했다. 재료를 살펴보고 아이디어를 교환하며 몇 가지 방법을 생각해냈다. 스킬먼은 이 과정을 '전문적이고 합리적이며 지적인' 과정이라고 설명했다.

엔지니어들은 요령을 피우지 않고 정직하게 챌린지에 임했으며 효율적이고 체계적인 방법으로 접근했다. 이들 두 집단은 업무를 분담하여 작업에 착수하는 방법을 택했다.

유치원생들은 전략을 세우거나 아이디어를 교환하지도, 재료를 자세히 살펴보지도 않았다. 바로 탑을 쌓기 시작했고 서로 바짝 붙어 선 채 이따금 "여기야!" "아니야, 여기야!"라고 외치며 재료를 주고받았다. 스킬먼은 이들을 '여러 가지 시도를 하는' 집단으로 설명했다.

어느 집단이 가장 높은 구조물을 만들었을까. 유치원생들은 수십 번 시도한 끝에 평균 26인치 높이의 구조물을 만들어냈다. 경영대 학생들은 높이가 10인치에 불과한 가장 낮은 구조물을 완성했다.[12]

유치원생들은 매우 단순한 방법으로 챌린지에 임했다. 참가자들의 기술 수준보다 더 중요한 것은 서로 간의 소통 방식임을 알 수 있는 대목이었다. 좋은 소식은 간결함을 유지하는 방법은 얼마든지 학습할 수 있다는 점이다. 여러분도 CEO 그룹과 함께 마시멜로 챌린지에 도전해보라.

자신에게 딱 맞는
단계별 시스템을 만들자

- **기록을 생활화하자.** 종이와 연필, 포스트잇, 디지털 애플리케이션 등 자신에게 맞는 도구를 사용하면 된다. 무언가를 손으로 적는 이 간단한 행위는 생산성을 높이는 데 큰 영향을 미친다. 무언가를 더 쉽게 기억할 수 있고, 다른 사람들이 더 쉽게 이해할 수 있도록 자신의 생각을 정리하고 체계화하는 데 도움이 된다.

- **실행 목록**action list**을 만들자.** 실행 목록이야말로 진정한 해야 할 일 목록to-do list이다. 기존에 사용하던 해야 할 일 목록에는 항목이 과도하게 많거나, 그것을 작성하는 일 자체가 하나의 일로 느껴질 수 있기에 지양하는 것이 좋다. 해야 할 일 목록 대신 실행 목록이라는 이름을 붙이자. 단순한 이름을 통해 자신이 책임자라는 사실을 상기할 수 있다. '실행'이라는 단어는 완료한 항목에 체크하는 것으로 할 일이 끝나는 것이 아니라 목표를 향한 여정이 순조롭게 진행되고 있음을 의미한다.

- **실행의 우선순위를 정하자.** 실행 목록에는 다른 것들보다 더 중요한 항목이 있을 것이다. 비전이 무엇인지 자신에게 묻

고 그 비전을 달성하는 데 가장 필요한 행동을 우선순위로 정하자. 우선순위에 포함되지 않은 항목도 여전히 유용할 수 있기 때문에 삭제할 필요는 없다. 하지만 주요 목표를 달성하는 데 직접적인 도움이 되지 않는 항목이라면 맨 아래에 위치시키는 것이 좋다.

원대한 포부, 성실, 영향력 등 리더십에 꼭 필요한 자질을 가지고 있다 하더라도 자신이 하고 싶은 일이 무엇인지, 그 일을 하기 위해서 필요한 것은 무엇인지 정확히 파악하지 못하면 최고 자리에 오르기는 어렵다. 높은 성과를 내는 사람들은 책임감과 일관성을 가지고 단계별로 목표를 향해 나아가는 데 필요한 자기만의 시스템을 구축한다.

위의 팁 세 가지를 활용해 자신에게 딱 맞는 시스템을 만들어보자. 무엇을 해야 하는지, 어떤 방향으로 나아가고 싶은지 명확히 해둘수록 자신이 세운 목표에 더 빨리 도달할 수 있다.

명확한 비전을 공유하고, 달성 가능한 목표를 설정하고, 간결한 시스템으로 생산성을 높이고, 다른 사람들이 이를 따를 수 있도록 지원을 아끼지 않는다면 폭발적인 영향력을 발휘하는 사람으로 거듭날 수 있을 것이다.

제5장

다른 사람과 관계 맺고
협력하라

두려움 없는 리더는 혼자 나아가지 않는다. 리더로서 달성하고자 하는 목표가 무엇인지 알았다면 이제 그 방법을 찾아야 한다. 두려움 없는 리더는 강력한 팀을 만들고 결집된 힘을 최대한 활용한다. 어떻게? 바로 협력을 통해서다.

협력에는 나 자신을 넘어 다른 사람과 관계를 맺으려는 지속적이고 의식적인 노력이 필요하다. 협력은 상호적인 것이므로 리더가 일방적으로 지시하거나 정보와 아이디어, 교훈과 경험 등을 쏟아내기만 해서는 제대로 이루어지지 않는다. 두려움 없는 리더는 주변 사람들의 지시나 정보와 아이디어, 교훈과 경험 등을 받아들일 줄 알아야 한다. 사실 한 단계 더 나아가 타인의 조언이나 아이디어, 교훈 등을 적극적으로 찾아다닐 필요가 있다.

리더가 자신의 꿈을 실현할 수 있는 협력적 환경을 만들기 위해 지녀야 하는 다섯 가지 핵심 도구가 있다. 바로 브랜드·관계·의사소통·감성지수^{EQ}·영향력이다.

자신이 어떤 사람인지 파악해보자. 인생이라는 여정에 마침표를 찍고 이 세상을 떠날 때 남기는 것은 단 한 가지, 바로 평판이다. 평판은 곧 브랜드다. 추도사를 주의 깊게 들어본 적이 있는가? 누군가의 삶과 업적에 대해 자세히 듣다 보면 그 사람의 평판, 즉 브랜드를 알 수 있다.

두려움 없는 리더는 견고한 브랜드를 구축한다. 그것이 곧 다른 사람들이 의지할 수 있는 기반이 되기 때문이다. 브랜드는 곧 나 자신이다. 누군가 당신이 어떤 사람인지 알고 당신의 브랜드를 신뢰한다면 긍정적인 관계와 상호작용이 이루어질 것이며, 굳건한 관계를 쌓아갈 기반을 다질 수 있다.

리더십은 사람들을 조직하는 일과 관련이 깊다. 그들은 여러분의 시간·에너지·관심·투자를 필요로 한다. 두려움 없는 리더는 시간을 할애해 관계를 발전시키며 기꺼이 밖으로 나가 네트워크를 형성하고, 새로운 사람을 만나고, 더 자주 소통하기 위해 노력한다. 때로는 두려움·불확실성·의심이 끼어들기 때문에 망설여질 때도 있다. 하지만 이를 극복하고 자신의 리더십을 따르고자 하는 사람들을 중심으로 그룹을 조직할 수 있는 능력과 리더십 접근법을 개발한다.

두려움 없는 리더는 브랜드를 널리 알리고 관계를 구축하기 위해 명확하고 투명하고 진정성 있게 소통해야 한다. 의사소통 능력을 향상시키면 상대방에게 신뢰감을 주고 그들의 두려움·불확실성·의심을 불식시킬 수 있다. 의사소통이란 말하는 방식, 쓰는 방식, 듣는 방식, 교감하는 방식 등 모든 것을 포괄하는 개념이다.

여러분을 따르는 사람들과 얼마나 잘 소통하는지는 감성지수와 밀접한 관련이 있다. 높은 성취를 보이고 성과를 내는 사람들은 목표를 달성하고 리더가 되기 위한 높은 지능지수$_{IQ}$를 갖고 있다. 하지만 두려움 없는 리더는 지능보다 훨씬 더 중요한 측면인 EQ, 즉 자신과 타인의 감정을 파악하고 관리하는 능력을 개발한다. 이는 두려움 없는 리더의 특성 중 가장 개발하기 어렵지만, 우리를 가장 멀리 나아가게 해주는 특성이기도 하다. 의심과 불확실성이 엄습하는 두려운 순간에 EQ는 다른 사람들이 의지하는 생명줄이 되고, 귀 기울일 수 있는 목소리가 되고, 붙잡을 수 있는 바위가 된다. 높은 EQ를 가졌다면 모두가 인정하는 두려움 없는 리더가 될 것이다.

좋은 평판과 견고한 브랜드

고유한 브랜드 정체성을 가져라

플레이하드룩도프PlayHardLookDope는 브랜드 이름만으로도 시선을 사로잡고 기억에 오래 남는다. 플레이하드룩도프는 남녀 모두를 고객으로 하는 신개념 주얼리 브랜드다. 2017년 소호 뒷골목에 있는 이 매장을 처음 방문했을 때 나 역시 그랬다. 그때 이 브랜드의 대표인 존 넬슨John Nelsen과 에보니 매키Ebony Mackey를 만났고, 플레이하드룩도프가 단지 시선을 끌기 위해 지은 이름은 아니라는 사실을 알게 되었다. 브랜드명은 존과 에보니의 라이프스타일이었다. 그들은 브랜드명에 걸맞게 살아가고, 브랜드를 존중하며, 브랜드 그 자체였다.

우리가 디자인하고 판매하는 주얼리를 브랜드화하기로 결정했을 때, 그 브랜드를 유지하려면 브랜드와 우리의 실제 라이프스타일이 일치해야 한다고 생각했습니다. 저희는 즐거움, 투명성, 스타일링을 중요하게 생각하며 지속 가능하고 접근하기 쉬운 제품이 좋은 제품이라는 강한 신념을 가지고 있습니다.

팬데믹 시기 다른 많은 사업과 마찬가지로 플레이하드룩도 프도 달라진 상황에 적응하며 변화해야 했다. 다행히도 변화는 매우 성공적이었으며 브랜드 정체성을 조금도 해치지 않았다. 소호 매장을 폐쇄해야 했던 이들은 2주 동안 웨스트체스터 몰 Westchester Mall의 빈 매장 앞에 테이블을 몇 개 갖다놓고 장사할 기회를 얻었다.

우리가 사는 곳은 뉴욕 헬스 키친입니다. 웨스트체스터에 대해서는 아무것도 몰랐죠. 단 하나도요. 하지만 원한다면 한번 방문해 자리를 둘러보라는 제안을 받았을 때, 우리는 자전거를 타고 지하철역에 가서 지하철로 몇 정거장을 간 다음 또 자전거를 타고 달려가 관계자와 만났습니다. "일단 해보고 하면서 알아보자"라고 말하는 존과 달리 저는 조금 더 신중하게 계획하고 고민하는 사람입니다. 하지만 그때는 둘 다 그 일을 해야 한다는 걸 알고 있었죠.

우리는 2주 동안 웨스트체스터로 출근해 빈 매장 앞에 무거운 테이블 두 개를 설치하고 물건을 전시했습니다. 대중적인 내셔널 브랜드(전국적 규모의 시장에서 판매되는 브랜드)가 빼곡히 들어찬 고급 쇼핑몰에서 우리가 어떤 결과를 얻을지는 장담할 수 없었습니다. 하지만 가게는 말 그대로 대박이 났습니다. 관계자에게 긍정적인 피드백도 받았습니다. 쇼핑몰 고객들은 우리 제품이 차별성 있고 비슷비슷한 가게들 사이에서 뭔가 특별해 보였다고 이야기했습니다. — 에보니

이들의 용감한 시도는 더 큰 성공으로 이어졌다.

약속한 2주가 끝날 무렵 에보니는 우리가 매장을 임대할 수 있을지 알고 싶어했습니다. 저는 내셔널 브랜드가 아니라 아마 어렵겠지만, 그래도 물어보기는 하겠다고 답했습니다.

예상을 깨고 우리는 협상을 거쳐 그곳에 결국 가게를 열게 되었습니다. 다만, 내셔널 브랜드가 아니었기 때문에 쇼핑몰 측은 30일 전에 통보하고 우리를 퇴거시킬 수 있는 권리를 가졌습니다. 우리는 매장 내부를 아주 멋지고 세련되게 꾸몄습니다. 하지만 6개월도 되기 전에 작은 매장에서 영업하던 어떤 내셔널 브랜드가 우리 가게로 확장하게 되었다는 통보를 받았습니다. 매장을 비워야

만 했습니다. 쇼핑몰 측에서 100평이 넘는 다른 공간을 제안했는데 기존 매장보다 세 배는 더 넓은 곳이었습니다. 임대료와 전기료도 두 배로 늘었고 진열장과 비품도 훨씬 더 많이 필요했습니다. 주얼리로 100평을 다 채울 수는 없었기 때문에, 우리 브랜드에 어울리는 의류를 추가해 남는 공간을 채우기로 결정했습니다. 우리는 프린팅 기계를 구입하고 옷 위에 그림을 찍어냈습니다.   - 존

용감한 시도는
더 큰 성공으로 이어진다

실패를 두려워하지 않는 존의 태도 덕분에 플래그십 스토어는 큰 성공을 거뒀다.

돌이켜보면 우리는 가능한 모든 기회를 잡으려고 노력했고 기회를 최대한 활용하는 동시에 브랜드를 지키려고 끊임없이 노력했습니다. 우리가 소호와는 전혀 다른 웨스트체스터 몰로 이전하기로 결심했을 때도 우리의 분위기와 스타일, 공간 인테리어는 달라지지 않았습니다. 우리는 섞이지 않고 다름을 유지하기 위해 노력합니다. 그러한 브랜드의 정체성이 고객들에게도 통한다고 생각합니다. 고객은 남들과 다른 특별함을 원하고 일상생활에서 우리 제

품을 착용하고 싶어합니다. 고객들이 기대하는 것은 바로 그것입
니다.

독특하고 재미있는 이 브랜드는 내 기억에 오래도록 남아 있
었다. 코로나19 팬데믹이 진정되고 직원들이 사무실로 복귀하자
나는 이 위기를 함께 극복한 팀원들에게 멋진 선물을 건네고 싶
었다. 그때 가장 먼저 떠오른 이가 존과 에보니였다. 줌Zoom 통화
를 몇 번 거쳐 직원들에게 선물할 특별한 팔찌를 제작했다. 스톤
에 회사의 비전과 가치를 새긴 팔찌였다. 그로부터 1년이 지난
지금도 회사를 돌아다니다 보면 존과 에보니의 팔찌를 착용한
사람들이 눈에 띈다.

탄탄한 브랜드를 만들기 위한
3가지 디딤돌

당신의 브랜드는 당신에 대해 어떤 것을 알려주는가? 자신감
을 심어주는가, 아니면 불확실성을 심어주는가? 당신의 브랜드
가 지금 어떤 모습이든 그것을 개선하고 발전시켜 폭풍우 속에
서도 흔들리지 않는 영향력을 발휘하는 브랜드로 만들 수 있다.
두려움 없는 리더는 그 자리에 있는 것만으로도 모두를 좀 더 편

안하게 만들어준다. 브랜드를 구축하고 개선할 때 다음 세 가지 방법을 활용하여 최상의 브랜드를 만들어보자.

진정성: 여러분이 누구인지, 어떤 사람이 되고자 하는지가 잘 드러나는 브랜드를 만들자. 성격, 특성, 강점을 수용하여 브랜드를 개발하는 데 에너지를 쏟자. 이를 위한 첫 단계는 진정성 있는 브랜드가 무엇인지에 대한 자각을 키우는 것이며, 이에 대해서는 EQ에 대해 이야기할 때 자세히 살펴볼 것이다.

열정: 열정을 바탕으로 브랜드를 구축하라. 동물에 대한 사랑이든, 스포츠에 대한 열광이든, 창의적이고 예술적인 면이든 자신이 흥미를 느끼고 원동력을 얻는 대상을 브랜드의 일부로 삼자. 열정을 담으면 틀림없이 더 빠르게 진정성 있는 브랜드를 구축할 수 있을 것이다. 브랜드는 여러분이 누구이고 무엇을 사랑하는지를 나타낸다. 여러분의 열정은 브랜드 안에서 빛을 발할 것이다.

행동: 평판과 브랜드는 말이 아닌 행동으로 구축된다. 결국 여러분이 하는 일과 행동이 곧 여러분이 누구인지를 말해주는 것이다. 누군가 어떤을 행동을 하고 어떤 행동을 하지 않는지를 보면 그가 어떤 사람인지 알 수 있다. 언제나 주어진 일을 완수하는 사람이라면 평판은 신뢰와 믿음으로 이어진다. 약속을 잘 지

> 누군가 어떤 행동을 하고 어떤 행동을 하지 않는지를 보면 그가 어떤 사람인지 알 수 있다.

키지 않는다면 여러분의 브랜드는 신뢰할 수 없다는 혹평을 듣게 된다. 단순히 내가 누구이고 어떤 일을 하는 사람인지 말하는 것만으로는 충분하지 않다.

사람들은 여러분에 대해 생각할 때 주로 표면적으로 드러나는 사실을 떠올릴 것이다. 예컨대 동물을 사랑해 동물보호소에서 자원봉사를 하고, 창의적이어서 피아노를 잘 치며, 운동을 좋아해 유소년 축구를 지도하는 것 따위를 말이다. 여러분의 열정과 실질적인 행동 사이에는 어떤 연관성이 있는가? 온 세상이 볼 수 있도록 진정한 열정을 보여주자.

탄탄한 브랜드와 평판을 구축하겠다는 결심은 지금 당장이라도 할 수 있다. 브랜드와 평판을 높이는 일은 긴 여정이다.

하지만 좋은 소식은 사람들이 보는 나의 이미지를 얼마든지 컨트롤할 수 있다는 사실이다. 진정성 있는 태도로 열정을 갖고 행동으로 표현하자. 그러면 성공적인 브랜드를 구축한 다른 위대한 리더들처럼 두려움 없는 태도를 갖출 수 있다.

바람직한 관계 맺기

무엇을 아는지보다
누구를 아는지가 더 중요하다

사회생활을 처음 시작할 때는 내가 관계를 구축하는 데 꽤 능숙하다고 생각했다. 하지만 커리어가 쌓이고 더 나은 리더가 되고자 하는 욕구가 커지면서 내가 관계를 형성하는 데는 능숙하지만 이를 지속하기 위해 시간을 투자하는 일에는 서투르다는 것을 깨달았다.

다들 예전에 알고 지내던 사람에게 갑자기 전화나 문자 또는 이메일을 받은 경험이 있을 것이다. 처음에는 안부를 묻지만, 항상 그다음은 '부탁 하나만 해도 될까요?'다.

어느 날, 내가 바로 그런 사람이라는 것을 깨달았다. 예전에 알던 누군가에게 연락을 취해 도움을 청하는 사람 말이다. 그때부터 관계를 발전시키기 위해 최선을 다해 시간과 노력을 기울이기로 결심했다. 쉽지 않은 일이다. 사람들은 대부분 시간을 더 확보하고 하루를 더 알차게 보낼 방법을 찾기 위해 노력하지만 때론 그것이 불가능하게 느껴진다. 하지만 아무리 어렵더라도 자신에게 유익한 관계를 지속시키기 위해 시간과 투자를 아끼지 않는 일은 중요하다.

기술 시대에는 더 많은 관계를 맺는 것이 좋은 것으로 여겨진다. 자신의 네트워크 규모를 자랑하고 소셜 미디어를 통한 인맥 쌓기에 열심이다. 하지만 막상 중요한 순간이 오면 모든 관계의 무게가 동일하지 않다는 사실을 깨닫는다. 어떤 관계는 다른 관계보다 중요하다. 그렇기 때문에 가장 가치 있는 관계가 무엇인지 파악하고 의식적으로 그 관계에 시간과 에너지를 투자하는 것이 좋다.

솔직히 말하면 나도 관계와 관련된 실수를 한 적이 있다. 몇 년 전 아내와 함께 나의 쉰 번째 생일을 어떻게 축하할지 고민하고 있을 때, 아내는 나에게 함께 여행하고 싶은 사람 명단을 만들어보라고 제안했다. 아내는 그 명단을 보고 깜짝 놀랐다. 그 반응에 한발 물러나 내가 어떻게 그들을 떠올렸는지 다시 한번 생각해보았다.

내가 초대하려 했던 사람 중 몇몇은 함께 있으면 즐겁기는 하지만 나에게 가장 소중한 사람은 아니었다. 내 인생에서 가장 의미 있는 순간에 함께한 사람들이 아니었던 것이다.

명단을 다시 생각해보았다. 이번에는 어린 시절, 대학 시절, 처음 사회생활을 시작했을 때 등 인생의 여러 단계에서 나에게 가장 큰 영향을 준 사람이 누구인지 떠올려보았다.

새 명단에는 다양한 유형의 사람들이 포함되었고, 내가 그들에게 다시 연락하자 중단되었던 관계가 바로 회복되었다. 아마도 그들과 진정한 우정을 쌓고, 깊은 관계를 맺었기 때문에 가능한 일이었을 것이다. 그들은 인생에서 잠깐 스쳐 지나가는 사람이 아니었다. 그 순간 에너지와 자원을 쏟아야 할 관계가 바로 그런 관계임을 깨달았다.

그 명단은 단순히 '쉰 번째 생일날 내 곁에 있을 사람들'의 명단이 아니라 내 인생에 가장 큰 영향을 미친 사람들의 명단이 되었다. 각계각층의 다양한 이들로 구성된 이 명단은 내 인생을 진정으로 대변하는 것이기도 했다.

물론 어떤 관계가 가장 중요한지 알아보기 위해 다음 생일이 돌아올 때까지 기다릴 필요는 없다. 오늘 바로 알아내는 방법이 여기에 있다.

놀라운 성과를 원한다면
선택한 사람들에게 올인하라

좋은 사람들과의 관계에 투자하는 것은 개인적인 면에서도 도움이 된다. 그 사람들은 나에게 평온함을 안겨주고 자신감을 높여주기 때문이다. 또한 소속감을 느끼게 하고 중요한 사람이 되었다고 여기게 해준다. 우리는 모든 스트레스 요인을 제거할 수는 없지만, 친구나 비즈니스 파트너 혹은 멘토로 삼을 만한 사람을 선택할 수는 있다. 현명하게 선택하면 행복에 훨씬 더 가까워질 것이다.

올바른 관계에 투자하면 커리어와 비즈니스에서 놀라운 성과를 얻을 수 있다. 필요할 때 적절한 조언을 얻고, 안정적으로 재원을 이용할 수 있으며, 신규 프로젝트에 첫 단계부터 참여할 수 있다. 무엇을 아는지보다 누구를 아는지가 더 중요하다는 격언은 진리다.

무작위로 벽에 다트를 던지듯이 사람을 고르고 좋은 결과가 있기를 바라지 말자. 의식적으로 자신이 함께하고 싶은 사람을 선택하고 그들에게 올인하라. 생각했던 것보다 훨씬 작은 무리일 수도 있지만, 그들은 여러분이 원하는 두려움 없는 삶을 만들어가는 과정에서 놀랍도록 견고한 울타리가 될 것이다. 이러한 일을 시작하는 데 도움이 되는 몇 가지 팁을 소개한다.

1. 주변의 영향력 있는 사람을 파악하라

자신의 외부 인플루언서가 누구인지 생각해보자. 외부 인플루언서는 비즈니스 영역에서 찾을 수 있는 고객, 잠재적 고객, 파트너 등을 말한다. 이들 중 성취를 이룬 사람, 자신과 같은 동기를 가진 사람, 존경하고 배우고 싶은 사람은 누구인가?

이 외에도 비즈니스 영역의 내부 인플루언서, 즉 일상적으로 교류하는 리더, 동료, 조력자 등이 있다. 어떤 사람과 함께 일하고 싶은가? 자신이 새로운 방향으로 나아가도록 격려하고 업무를 완수할 수 있게 도와주는 사람은 누구인가?

가족과 친구라는 개인적인 영역은 어떠한가? 여러분이 가는 길을 언제나 믿고 지지하며 격려해주는 사람은 누구인가? 가족이나 친구 중 도움이나 격려가 필요한 사람은 누구인가? 누가 영감을 주는가? 여러분이 이루고 싶은 목표를 먼저 달성한 사람은 누구인가?

사회적 영역에는 누가 속해 있는가? 사회적 영역은 네트워크와 커뮤니티를 포함한 더 큰 그룹을 말한다. 언젠가 교류 이벤트나 모임에 참석하게 된다면 '나의 잠재적인 장기 조력자, 리더, 멘토, 멘티는 누구인가? 누가 내 성장을 도와줄 수 있는가?'라는 관점으로 생각해보자.

2. 경청하는 사람이 돼라

목적의식을 가지고 어떤 관계에 투자할 것인지 결정했다면 이제 귀 기울여 들어주는 능력을 발휘할 차례다. 휴대전화를 무음으로 설정한 뒤 옆으로 치워두고 적극적으로 경청해야 한다. 적극적인 경청이란 상대의 말에 온전히 집중하는 것이다. 눈을 마주치고 긍정적인 제스처를 사용하라. 상대방이 무엇에 관심을 느끼는지, 무엇이 그들을 설레게 하고 동기부여가 되는지 묻고 상대 반응을 기억하라. 그다음은 지속적인 팔로업의 시간이다. 이메일도 좋고 문자도 좋다. 통화는 더 좋다. 직접 쓴 메모나 뜻밖의 연락도 좋다. 어떤 방식이든 일단 하는 것이 중요하다. 우연히 마주치거나 상대방이 먼저 연락하기를 기다리지 마라. 적극적으로 나서자.

3. 하기로 한 일 이상을 해내라

요청이 오기 전에 먼저 연락하고 참석하고 돕는 사람이 되자. 팔로업이 경청의 핵심이라면, 행동의 핵심은 완수다. 하기로 한 일 이상을 해내자. 소매를 걷어붙이고 업계와 커뮤니티에서 열심히 일하라. 능력을 보여주면 기회는 저절로 따라온다.

4. 받기보다 베풀기 위해 노력하라

나의 발전에 도움이 되는 관계를 찾고 있지만, 관계 발전의 핵심은 받는 것이 아니라 주는 것에 있다. 감사, 시간, 관심, 지식, 경험, 인맥, 에너지, 헌신 등 내가 제공할 수 있는 것이 무엇인지 파악하고 모든 관계에 참여하라. 무엇을 베풀 수 있는지 목록을 작성하고 계속 추가해나가자.

5. 있는 그대로의 자신을 드러내라

어떤 관계에서든 자기 본모습에 충실해야 한다. 우리는 관계를 통해 성장하지만 관계로 인해 자신의 가치관이 바뀌어서는 안 된다. 만약 그런 관계가 있다면 올바른 관계가 아니다. 가장 강력한 관계는 있는 그대로의 자신을 드러내는 관계다. 관계를 구축하고 가꾸는 일은 어렵지만 기꺼이 시간을 투자하고 새로운 것을 배우고 자신만의 컴포트존comfort zone(안전지대)에서 벗어날 의지가 있다면 얼마든지 강력한 관계를 구축할 수 있다.

효과적인 소통을 위해
필요한 것들

명확한 메시지 전달과 대상 파악

세계적인 기업들은 대부분 훌륭한 서비스와 제품을 자랑한다. 당연한 일이다. 하지만 그것 말고도 눈에 띄는 특징이 하나 더 있다. 바로 소통에 뛰어난 리더가 있다는 점이다. 이들은 직원에게도 소통의 중요성을 강조하고 그 방법을 교육해 유연한 소통이 조직 전체의 문화가 되도록 한다.

그렇다면 두려움 없는 리더는 어떤 방식으로 소통할까? 웅변을 하거나 달변을 늘어놓지는 않을 것이다. 사람들의 이목을 끌기 위해 셰익스피어가 될 필요는 없다. 많은 사람 앞에서 이야기할 때 자기주장이 강해야만 특별해 보이는 것도 아니다. 리더가 전하는 깊은 소통은 상처받고 도움이 필요한 단 한 사람을 위한 조용한 선물이 될 수도 있다. 두려움 없는 리더는 다음 네 가지 특성을 바탕으로 효과적인 소통을 한다.

첫 번째, 비전과 목표를 수립하는 과정에서 확립한 메시지를 명확하게 전달하는 것이다.

두 번째, 메시지를 전달할 대상을 파악하는 것이다. 그 대상이 대면, 이메일, 문자, 화상 소통 중 어떤 방식을 원하는지, 혹은 그들의 이야기를 먼저 들어주기를 원하는지 파악해야 한다. 리더로서 소통의 기회가 생겼다면 상대방이 원하는 것과 필요로 하는 것에 대해 생각하고 준비하는 시간을 갖자. 상대방이 원하는 것이 활기찬 에너지인지 차분한 에너지인지, 사실인지 공감인지, 긴 설명이 필요한 커뮤니케이션인지 짧고 명료한 커뮤니케이션인지 생각해보라. 상대방을 파악하는 데 시간을 투자할수록 상대방 또한 메시지를 경청하는 데 더 오랜 시간을 할애할 것이다.

비즈니스에서는 고객, 직원, 공급업체 등과 관계를 맺게 된다. 각 관계는 모두 다른 특성을 보인다. 그렇기 때문에 이들과 소통할 때는 뉘앙스에 차이를 두면서도 여러분의 브랜드와 평판을 견고하게 유지할 수 있는 방법을 찾아야 한다.

리더십 스타일이 다른 존과 에보니는 의사소통의 균형을 잡기 위해 다음과 같이 노력했다.

저는 직원들과 친밀하게 지내며 일하는 것이 좋습니다. 어떤 직원이 마음에 들지 않는 행동을 하면 존은 바로 이메일을 보내 직설적으로 이야기할 거예요. 그러면 저는 아마 "괜찮아, 내가 해결해볼게"라고 말할 겁니다. 저는 소매업에 종사할 때 제가 느꼈던 불쾌함을 직원들이 느끼지 않길 바랍니다. 매장이나 보이지 않는 곳에서 우리 브랜드를 위해 일하는 모든 이가 편안하고 즐겁게 일하기를 바라죠. 직원들이 감시당한다고 느끼지 않았으면 좋겠습니다.

버스를 놓치거나 늦잠을 자는 일은 누구에게나 일어날 수 있고 그런 일에 저는 가벼운 터치만 하면 된다고 생각합니다. 하지만 존은 저와 사고방식이 매우 다릅니다. 그는 누구나 무슨 일이든 할 수 있다고 생각하기 때문에 자신감이 없는 직원들에게는 그의 태도가 부담스럽게 느껴질 수 있습니다. 그래서 제가 온화한 인사 담당자 역할을 맡은 겁니다. 하지만 고객과 문제가 생기면 존이 더 부드럽게 소통하는 편입니다.   — 에보니

저는 에보니와는 다른 방식으로 고객을 돕기 위해 안간힘을 쓸 것입니다. 주얼리를 구입한 지 1년이 넘었더라도 주얼리가 손상되었다면 어떤 식으로든 수리해드리겠다고 제안합니다. 이것이 우리

가 훌륭한 고객 기반을 다진 비결이라고 생각합니다.   – 존

저는 "사간 지 1년이 넘었잖아. 손님이 망가뜨린 거니까 우리가 책임질 필요는 없어"라고 말하죠. 하지만 존은 언제나 아무것도 묻지도 따지지도 않고 고객을 챙기려고 노력합니다. 우리의 성향은 차이가 뚜렷합니다. 어떤 상황에서 누가 더 잘 소통하는지 파악하는 일은 큰 도움이 됩니다.   – 에보니

존과 에보니가 모두 동의한 한 가지는 누구도 무례한 대접을 받아서는 안 된다는 것이다. 무례함은 그들의 브랜드가 추구하는 바가 아니다. 장사를 하다 보면 이따금 무례한 손님을 만나게 되고 많은 기업이 고객은 언제나 옳다고 말하지만, 플레이하드 룩도프에서는 그렇지 않다.

누구도 항상 옳을 수는 없습니다. 저는 고급 브랜드로 가득 차 있고 고객은 언제나 옳다는 원칙을 가진 쇼핑몰에서 옆 매장에 들어갔던 고객이 광분하여 제멋대로 행동하다가 우리 매장에서도 그렇게 행동하려 한다면 "아니요, 여기서는 안 됩니다"라고 말할 것입니다. 직원들과 우리도 사람입니다. 우리는 스스로를 보호할 것입니다. 우리 브랜드를 통해 사람들이 더 좋은 사람이 되고 싶다는

영감을 얻기를 바랍니다. 사업에 도움이 되지 않아도 우리가 정한 원칙을 고객에게 명확히 전달해야 한다고 생각합니다.

소통의 투명성과 진정성

두려움 없는 리더의 소통방식 중 세 번째 특성은 투명성이다. 이는 회사에서 일어나는 일은 물론 전문지식이나 정보를 솔직하면서도 예의 있게 공유하는 것을 의미한다. 쓸데없이 둘러댈 필요는 없다. 이야기의 일부분만 전달하면 상대방은 나머지 부분을 지어내게 되고 이는 두려움과 의심을 퍼뜨리는 위험한 행동이 될 수 있다. 때로는 모르는 일에 대해 "잘 모릅니다"라고 편안하게 이야기할 수 있어야 한다.

네 번째 특성은 진정성이다. 다른 누군가가 되려 하지 말고 있는 그대로의 내가 되자. 솔직한 모습을 보여주고 좋아하는 것과 싫어하는 것, 실수한 것, 잘 모르는 것을 인정하자. 여러분의 원동력을 공유하는 것도 좋다. 진정성이 있다는 것은 전체적인 스타일을 일관되게 유지한다는 의미이기도 하다. 겉모습을 꾸미거나 가장하는 일은 없

> 때로는 모르는 일에 대해 "잘 모릅니다"라고 편안하게 이야기할 수 있어야 한다.

어야 한다.

사람들이 여러분에게 어떤 점을 기대할 수 있는지 안다면 여러분은 더 많은 신뢰를 얻게 된다. 여러분이 진실할 것임을 알기 때문에 속마음을 털어놓거나 아이디어를 공유하는 데 어려움이 없을 것이다.

앞서 소개한 앤디와 대니엘 자매는 공동 대표로서 가장 진정성 있는 방법으로 회사를 이끌고 있다. 직원들은 두 자매가 갑작스레 아버지를 대신해 회사를 운영하게 되었으며 그전까지는 그럴 계획이 없었다는 사실을 알고 있다. 회사 운영을 시작하면서 직원들에게 솔직하게 일러둔 것이다.

직원들은 두 사람을 회사의 리더로 받아들였고, 이후 사업을 책임지며 확실한 계획과 자신감을 보여주자 두 사람을 바라보는 시각은 완전히 달라졌다. 그 모든 과정에서 앤디와 대니엘은 그들의 본모습을 잃지 않았고 항상 가장 진실한 사람이 되려고 노력했다.

소통에는 노력이 필요하지만, 그 열매는 달다

물론 내가 말한 것이 전부는 아니다. 앞서 말한 의사소통의 네

가지 핵심 요소를 갖춘 후에도 여전히 해야 할 일이 있다. 시간이 지나도 자신의 메시지가 명확하고 일관성을 유지하는지 살펴보자. 의사소통의 속도를 조절하고 의사소통이 어느 정도 적당한지 파악하자. 의사소통의 파급 효과가 좋을지 나쁠지 가늠하는 감각을 키우자. 이를 위해서는 비판적 사고력, 객관성, 사실과 문화를 깊게 인식해야 한다.

다양한 각도에서 소통에 접근하되 소통이 한순간에 이루어지는 것이 아니라는 사실을 받아들이자. 소통을 의식적이고 지속적인 노력이 필요한 작업으로 여기자. 소통을 성공적으로 이끄는 특성들—명확한 메시지, 대상에 대한 이해, 투명성, 진정성—은 사업의 성과와 생산성 향상 이상의 효과를 낳는다. 이러한 특성은 진정한 우정을 가능하게 한다.

만약 당신이 서비스업에 종사하고 있다면 소통은 금은보화보다 더 귀하다는 것을 명심하라. 주저하지 말고 소통하라. 뛰어난 의사소통을 기반으로 탄탄한 관계가 만들어지면 나머지는 자연스럽게 따라올 것이다.

자신과 타인의 감정을 인식하는
감성지수(EQ)

높은 EQ를 가지려면
자기 인식이 먼저

분위기 파악을 못 하는 사람을 보고 놀란 적이 있는가? 이런 사람들은 주변 사람들이 눈살을 찌푸릴 만한 발언이나 행동을 한다. 그들의 언행이 긍정적인 결과로 이어질 가능성은 대부분 높지 않다.

EQ가 낮은 사람을 생각할 때, 〈사인펠드Seinfeld〉(1989~1998년 미국 NBC에서 방영한 시트콤드라마-옮긴이)의 등장인물들을 빼놓을 수 없다. 일곱 번째 시즌의 마지막 에피소드인 '초대장'에서 조지는 수잔과의 약혼을 후회하지만 파혼하자는 말을 꺼낼 자신은 없다. 친구인 일레인과 크레이머는 상대가 담배를 싫어하니 면전에 대고 담배를 피우거나 혼전 계약서 작성을 요구해 약혼녀의 기분을 상하게 만들라고 조언한다. 등장인물은 모두 30대지만 정서 지능은 10대 수준을 넘지 못한다. 수잔이 죽자 자유의 몸이 된 조지는 다른 여자에게 전화를 걸어 약혼녀가 방금 죽었으니 데이트하자고 말한다. 이 에피소드에서 유일하게 정상적인 EQ를 가진 여자는 바로 전화를 끊어버리는 조지의 새 데이트 상대뿐이다. 하지만 조지는 그녀의 행동에 어리둥절해한다.

형편없이 낮은 EQ가 무엇인지 보여주는 완벽한 사례가 아닐 수 없다. 우리가 두려움 없는 리더의 특징으로 꼽았던 모든 요소와 상반된다. 〈사인펠드〉에는 이런 에피소드가 수백 개도 넘게 등장하지만, 전부를 다 소개할 필요는 없을 것이다.

그렇다면 EQ는 정확히 무엇일까? EQ, 즉 감성지수는 자신의 감정과 타인의 감정을 인식하는 능력과 이를 통해 자신과 타인의 행동을 긍정적인 방향으로 이끄는 능력을 말한다. 각각에 대해 더 자세히 알아보자.

높은 EQ를 가지려면 자기 인식이 필요하다. 흥분, 불안, 열정, 무기력, 만족, 갈망, 행복, 슬픔, 분노 등 자신에게 주로 나타나는 감정을 유발하는 요인이 무엇인지 생각해보는 시간을 갖자. 이중 다섯 가지를 골라 종이에 적어보자. 이제 생활 속에서 이러한 감정을 유발하는 것이 무엇인지 떠올리자. 이 연습을 하는 것만으로도 자기 인식 능력을 높일 수 있다.

조직 심리학자이자 《통찰력Insight》의 저자 타샤 유리히Tasha Eurich는 경영 코치로 일하면서 자기 인식이 중요한 능력일 뿐 아니라 필수 능력이라는 사실을 깨달았다. 그녀의 연구를 통해 자기 인식 능력이 높은 성과, 현명한 선택, 그리고 지속적인 관계의 토대가 된다는 사실이 입증되었다.

자기 인식은 자신의 가치, 성격의 강점과 약점을 아는 것(내적 자기 인식)에만 국한되지 않으며, 다른 사람들이 나를 어떻게 보는지에 대한 인식(외적 자기 인식)도 포함한다. 이 두 가지가 항상 일치하는 것은 아니다. 외적 자기 인식 능력이 낮더라도 내적 자기 인식이 높을 수 있으며, 그 반대의 경우도 가능하다. 나의 경영 코치가 알려준 외적 자기 인식에 대한 경고를 여러분과 공유하려고 한다.

"안녕하세요 브렌던, 그동안 정말 만나고 싶었습니다. 경영 코치로서 당신과 함께 일하는 부서 직원들을 인터뷰했는데, 다들 당신을 정말 좋아하더군요. 당신은 목표 그 이상을 해내는 사람이라고 말했어요. 그들은 당신과 함께 일하는 것을 정말 즐거워하고 있어요. 당신은 좋은 리더예요."

"다행이네요." 나는 환하게 웃으며 말했다.

"당신과 협력하는 타 부서 동료들도 인터뷰했어요. 그들은 당신에 대해 어떻게 생각할 것 같나요?" 그가 물었다.

"함께 일하기 좋은 사람이라고 생각할 것 같은데요." 나는 웃으며 대답했다.

"그렇지 않았어요." 그가 말했다.

인생의 판도가 바뀌는 순간이었다. 경영 코치를 통해 동료들의 반응과 그 의미에 대한 설명을 듣다 보니 내가 그동안 내 팀을 이끌고 상급자와 약속한 성과를 내는 데만 초점을 맞추었고 통로 건너편에 있는 동료들은 신경 쓰지 않았다는 사실을 깨달았다.

나는 영업 책임자로서 마케팅이나 전략 책임자와 필요한 시간을 보내지 못했다. 이제 와 돌이켜보면 당연한 일이지만, 당시 젊은 임원이었던 나에게는 너무 빨리 달리지 않도록 속도를 조절하고 동료가 얼마나 중요한지, 어떻게 하면 그들과 함께 발전해나갈 수 있는지를 알려줄 코치가 절실히 필요했다. 그 후 관련 부서장들과 월례 회의를 가지면서 협력을 통한 리더십에 대한 나의 관점과 접근방식은 완전히 달라지기 시작했다.

자기 인식에 맹점이 있는 사람은 나뿐만이 아니다. 실제로 유리히의 연구에 따르면 95%의 사람들이 스스로 자기 인식에 뛰어나다고 생각하지만, 실제로는 그러한 사람이 15%에 불과한 것으로 나타났다. 즉 우리 중 80%는 아직 해야 할 일이 있다는 뜻이다. 다행히도 자기 인식은 다른 리더십 특성과 마찬가지로 누구나 개발할 수 있는 기술이다. 위에서 말한 간단한 연습을 통해 외적 자기 인식 능력은 물론 내적 자기 인식 능력도 연마할 수 있다. 주변 사람들에게 솔직한 피드백을 요청하고 그것을 열린 마음으로 받아들여 검토해보자. 자신을 드러내는 것은 두려운 일이지만, 여러분은 해낼 수 있다.

자신의 감정을 현명하게 관리하기

자신의 감정과 그 감정을 일으킨 요인을 인식하는 것이 EQ를 발달시키는 첫걸음이다. 감정을 인식한 다음에는 자신의 감정을 현명하게 관리하는 능력을 개발할 차례다.

누군가가 나를 속상하게 하거나 화나게 하거나 불편하게 했던 상황을 떠올려보라. 그 상황을 어떻게 해결했는가? 성공적으로 해결한 후 생산적인 하루를 보낼 수 있었는가? 아니면 그 상황이 자신의 내면을 장악해 온종일 타인에게 부정적인 영향을 미치도록 내버려두었는가?

EQ에는 어느 정도 사회적 인식이 필요하다. 주변 사람들의 감정과 그것의 유발 요인, 반응과 상호작용에 대해 얼마나 인식하고 있는가? 여러분의 감정이나 행동은 어떻게 다른 사람들에게 긍정적 또는 부정적인 감정을 유발하는가? 나쁜 소식을 전하지 않을 수는 없지만, 전달 방식이나 그것이 타인에게 미치는 영향은 조절할 수 있다. 왜 그 소식이 부정적인 영향을 주는지, 어떻게 그것을 극복하도록 도울 수 있는지를 고민하자. 우리는 또한 팀원에게 그가 잘한 일을 인정해주고, 아이디어를 공유하도록 격려하고, 그에게 의미 있는 일이 무엇인지 알려줌으로써 긍정적인 감정을 불러일으킬 수도 있다.

높은 성취를 보이는 사람들은 목표를 달성하고 리더가 될 수 있는 지능, 즉 탁월한 IQ를 갖추고 있다. 두려움 없는 리더는 의식적으로 감성지수를 개발하여 높은 성과, 현명한 선택, 지속적인 관계를 통해 그들의 비전을 달성할 수 있는 지구력을 기른다.

EQ 개발은 언제나 현재진행형이다. 그렇기 때문에 항상 완벽할 수는 없다. 나의 경우는 어떤 하루, 어떤 회의, 어떤 사람들이 나에게 부정적인 영향을 주는지 알고 있기 때문에 어떻게 하면 사람들이나 상황에 휘둘리지 않고 극복할 수 있는지에 초점을 맞추려고 노력한다. 나는 '위험지역'에 들어갔을 때 그곳에서 벗어나기 위해 아래 두 문장을 반복해서 말한다.

"작은 일에 기뻐하는 사람은 작은 사람일 뿐이다. 그러니 그냥 잊어버리고 더 큰 사람이 되자."

"저들이 나를 이길 수 있는 유일한 방법은 내가 그렇게 하도록 허락하는 것뿐이다. 그러니 승자가 되자!"

아직은 내가 언제나 더 큰 사람이라거나 항상 승리하는 사람이라고 말할 수 없지만, 최선을 다해 노력하고 있다고는 말할 수 있다! 실제로 내 사무실 책상 위에는 위의 두 글귀를 적어놓은 액자가 있다. 나는 그것을 다른 사람들은 볼 수 없지만 나의 시선이 닿는 곳에 놓아두었다. 여전히 노력해야 할 점이 많다는 것을 알기에 이 글귀는 나에게 큰 힘이 된다.

인플루언서들은
어떻게 영향력을 발휘하는가

사람들이 누군가의 목소리에
귀 기울이는 이유는?

영향력에 대해 이야기하려면 소셜 미디어 인플루언서를 언급하지 않을 수 없다. 소셜 미디어는 엄청난 변화를 가져왔고 전에 없던 새로운 세상을 열었다. 메이크업 방법을 알려주는 사람에서부터 영화 제작자, 패션 블로거에 이르기까지 많은 사람이 팔로워 수백만을 거느리고 있다.

나는 조언이나 재미있는 영상을 제공하는 사람들이 팔로워를 모아 어느 정도 규모가 되면 스폰서, 업체, 검색엔진 등으로부터 광고 제안을 받고 경우에 따라서는 수백만 달러 규모의 사업으로 발전하는 현상에 흥미를 느낀다. 소셜 미디어 플랫폼은 사회적 영향력을 발휘할 강력한 기회가 될 수 있다. 여기서 엄청난 수의 팔로워를 보유한 인스타그램 인플루언서 후다 카탄^{Huda} Kattan(인스타그램에서는 'hudabeauty'로 알려져 있다)과 자크 킹^{Zach King}에 대한 이야기를 하려고 한다.

메이크업 아티스트인 후다 카탄은 2010년 뷰티 블로그 HudaBeauty.com을 시작하기로 마음먹었다. 그리고 얼마 지나지 않아 'Huda Beauty' 유튜브 채널과 인스타그램도 개설했다. 2013년에는 Huda Beauty라는 이름을 걸고 인조 속눈썹을 제작하기로 결정했다. 현재 Huda Beauty의 인스타그램 팔로워 수는 4,680만 명에 달하며, 2020년 《포브스》는 카탄을 미국에서 가장 부유한 자수성가형 여성 중 하나로 선정하며 그녀의 자산을 약 5억 1,000만 달러로 추산했다. 그녀는 거의 5,000만 명에 달하는 사람들에게 영향을 미칠 수 있는 기회를 잡은 것이다!

후다는 자신의 영향력을 활용해 여성들이 자연스러운 아름다움을 받아들이고, 스스로가 생각하는 이상적인 아름다움에 맞춰 미용 및 패션업계에 도전할 것을 독려했다.

"저는 오랫동안 이 분야에 종사하면서 사진을 보정하고 온라인에서 말하는 완벽한 몸매에 맞추려고 노력하는 일에 엄청난 스트레스를 느꼈어요. 분명히 말하지만, 완벽한 몸매나 완벽한 얼굴 같은 것은 존재하지 않습니다. 여러분은 그 자체로 아름다워요. 자신을 행복하게 만들고 아름답다고 느끼게 하는 일을 하세요." 팔로워들의 반응을 보면 그녀의 메시지가 얼마나 긍정적인 영향력을 발휘하고 있는지 알 수 있다.

이제 바인Vine(트위터가 런칭한 쇼트 비디오 SNS. 6초 정도의 짧은 영상을 찍어 공유하는 서비스로 2017년 종료됨—옮긴이)의 크리에이터였던 자크 킹에 대해 이야기해보자. 2012년 원하던 영화학교에 진학하지 못한 킹은 파트너 애런Aaron과 함께 차고에서 자크의 유튜브 채널인 'Final Cut King'과 애런의 유튜브 채널인 'VFX Bro'에 올릴 재미있는 유튜브 영상을 만들기 시작했다. 현재 자크의 소셜미디어 팔로워 수는 모두 합쳐 1억 500만 명 이상이며, 그의 회사 킹스튜디오King Studio는 디즈니, 애플, 소니, 나이키, 코카콜라 등의 브랜드와 파트너십을 맺었다.

자크는 자신의 영향력을 활용해 사람들이 각자 창의성을 발휘할 수 있도록 독려하며, 아이를 입양하여 양부모 역할과 아버지가 되는 것이 어떤 의미인지 공유하고 있다. 이는 1억 500만 명에게 긍정적인 영향을 줄 수 있는 기회다![13]

사실 1억 명은커녕 100명에게 영향을 미치는 것도 어려운 일이다. 하지만 우리는 한 번에 한 명씩에게 영향력을 발휘할 수 있다. 사람들이 특정 목소리나 의견에 더 귀를 기울이는 이유는 무엇일까? 영향력을 발휘할 수 있는 세 가지 방법에 대해 알아보자.

주장하기 전에 질문하라

나는 이사회를 통해 어려운 상황에 놓였을 때 주장이 아닌 질문을 바탕으로 영향력을 발휘하는 기술을 배웠다. 이사회 모두가 조직의 사명에 전력을 다하고 있음은 의심할 여지가 없었지만, 우리가 결정해야 할 사안에 대한 의견 차이가 있었다.

동료 이사와 나는 각자의 입장을 고수했다. 내가 먼저 나섰고, 다음으로 동료가 발언권을 얻자 그녀는 공격을 시작했다. 나는 그녀가 적으로 느껴졌고, 마음의 벽을 높게 쌓고 문을 닫아버렸다. 혼란스러웠다. 우리는 같은 팀이 아니었나? 같은 목표를 갖고 있지 않았나? 물론 우리는 목표 달성 방안에 약간의 이견이 있었지만, 그 정도의 의견 차이가 어떻게 다툼으로 변했는지 이해할 수 없었다.

내가 다른 이사회 멤버에게 도움과 조언을 구하자 그는 흔쾌히 응해주었다. 그는 나와 같은 의견이었지만 긴장감을 누그러뜨리면서 내가 생각지 못한 방식으로 회의장에 있는 모든 사람이 그의 관점을 이해하도록 설득했다. 그 결과 상대방도 우리의 접근방식이 가장 합리적이라고 인정했다.

어떻게 이런 일이 가능했을까? 내가 아는 가장 현명한 이에게 이에 대해 묻자 그는 간단히 말했다. "자네를 도와준 동료는 완전히 다른 방식으로 접근했군. 자네는 주장했고, 그는 질문했지." 그리고 둘 사이의 차이점에 대해 설명한 뒤, 질문을 곁들여 내가 주장하고자 하는 바를 이야기하는 방법에 대해 알려주었다. 이를 여러분과 공유할 수 있어 기쁘게 생각한다.

1. "관점이 통찰력과 이해를 대신하는 것은 위험한 사치품이 될 수 있다"(마셜 매클루언Marshall McLuhan). 주장은 '입장'을 취한다. 우리는 주장할 때 특정 행동, 입장, 또는 원칙을 주입하거나 강요하려고 한다. 또한 자신이 옹호하는 입장을 취함으로써 설득을 시도한다.

2. "궁금증은 모든 철학의 기초이며, 질문은 진보를, 무지는 종말을 의미한다"(미셸 드 몽테뉴Michel de Montaigne). 질문은 상대방의 의견을 바꾸려는 것이 아니라 그들의 입장을 이해하려는 시도다. 상대의 입장을 고려하고 이해한 후 질문을 던지고, 적극적으로 경청하고, 생각하고, 그들도 생각하게 만들어라.

3. "이성과 자유로운 질문만이 오류를 막는 유일하고도 효과적인 방법이다"(토머스 제퍼슨Thomas Jefferson). 타인의 관점을 이해하고 검증하는 데 시간을 할애했다면, 상대방이 내 입장에 대해 생각하게 만드는 질문을 던져라. 질문은 심사숙고하게 만든다. 숙고는 명확

성을 갖추는 데 도움이 되고 이는 청중에게 영향을 준다.

　　그렇다고 주장이 모든 악의 근원이라는 말은 아니다. 두 가지 접근방식 모두 적당한 때와 장소를 고려해야 하지만, 주장은 종종 의사소통에 혼선과 단절을 야기할 수 있다. 주장은 양측이 서로를 이해하거나 타협하기보다는 상대방을 설득하는 데 초점을 맞추기 때문에 불필요한 갈등의 원인이 될 때가 많다. 경멸과 의심을 낳을 수도 있다.

　　다음에 주장해야 할 상황이 오면 잠시 멈춰 상대방을 이해하기 위한 질문을 던져보자. 그들을 존중하고 있으며 그들에 대해 더 많이 알고 싶어한다는 것을 보여주자. 결국 양측은 결과 도출이라는 공통의 목표를 가지고 있다. 단지 어떻게 결과에 도달하느냐가 관건이다. 상대방의 관점을 이해하고 나면 다시 질문으로 돌아가자. 그들이 여러분의 관점을 심사숙고하고 나아가 그들의 입장을 재고하도록 만들자. 올바른 질문을 통해 상대방의 행동에 영향을 미치는 일은 얼마든지 가능하다.

적극적으로 경청하라

　　기혼자라면 듣는 것hearing과 귀 기울여 듣는 것listening의 차이를

알 것이다. 귀 기울여 듣는 것과 적극적 경청^{active listening} 사이에
도 차이가 있다. 듣는 것은 단순히 누군가의 말을 듣는 것이다.
귀 기울여 듣는 것은 누군가의 말을 내가 이해할 수 있도록 처리
하는 과정이다. 적극적 경청은 이해하는 것을 넘어 이해한 내용
을 확인하기 위해 상대방의 말과 생각에 대해 질문하는 것을 말
한다.

모든 사람이 자신의 생각을 정확하게 전달하는 것은 아니므
로, 적극적 경청에는 상대방이 말한 내용을 다시 반복하여 상
대방의 관점을 실제로 이해하고 있는지 확인하는 과정이 포함
된다.

명확하게 소통하라

누군가의 말을 경청했음에도 불구하고 결국 그 말이 무슨 뜻
인지, 또는 그 말을 하는 이유는 무엇인지 전혀 파악이 안 될 때
가 있다. 누구에게나 그런 경험이 있을 것이다. 반대로 누군가의
말을 들었을 때 주제에 상관없이 말하는 사람의 의도와 내용이
명확하게 머리에 들어올 때도 있다. 이것이 명확한 소통과 그렇
지 않은 소통의 차이다.

주제가 복잡할수록 명확한 소통은 더욱 중요하다. 때로는 여

러분이 전문가로서 청중들에게 생소한 주제에 대해 이야기해야 하는 경우도 있을 것이다. 이때 명확하게 소통하지 않으면 여러분은 자신의 시간뿐 아니라 청중의 시간도 낭비하게 된다.

만약 여러분이
- 사람들이 믿고 의지할 만한 브랜드를 구축하고,
- 관계를 맺고 가꾸며,
- 명확하고 일관성 있게 소통하고,
- 감성지수를 높인다면,

여러분의 영향력은 기하급수적으로 증가할 것이다.

부디 책임감 있게 영향력을 발휘하길 바란다.

제6장

세상에 커다란 발자취를 남길
전설이 돼라

두려움 없는 리더는 세상에 커다란 발자취를 남길 기회를 갖는다. 그 발자취는 여러분의 유산이 될 것이며, 그 유산은 여러분을 전설로 만들어줄 수도 있다. 남기고 싶은 유산이 무엇인지 자문해보자. 세상에 어떤 발자취를 남기고 싶은가? 어떻게 하면 타인에게 영감을 불어넣는 전설이 될 수 있을까?

1990년 9월, 대학교 4학년이었던 나는 졸업 후 어떤 회사에서 일하고 싶은지 고민하고 있었다. 그러던 중 《독수리의 날개 위에^{On Wings of Eagles}》라는 책을 읽고 선택의 폭을 좁혀나갔다. 그 책이 나에게 미친 영향은 놀라웠다.

이 책은 1978년 중동 인질 사태 당시 이란에 인질로 잡혔던 두 미국 회사원의 이야기이자 한 남자가 어떻게 스스로 그 문제를 해결했는지에 관한 이야기다. 이 책의 주인공 헨리 로스 페로^{Henry} Ross Perot는 EDS의 CEO이자 설립자다. 그리고 인질로 잡혔던 두 회사원은 그의 직원 폴과 빌이었다. 미국 정부는 석방 협상을 할 수 없었기 때문에 페로는 그들을 구출하기 위해 EDS의 간부급 직원들로 자원봉사팀을 꾸리고 제2차 세계대전 당시 특공대원으로 이름을 날렸던 불 사이먼스^{Bull Simons} 대령을 영입했다. 사이먼스는 EDS의 팀이 이란 정부의 주의를 돌리는 사이 카사르^{Qasr} 교도소에 침투해 두 사람을 구해내는 계획을 세웠다. 구출 계획은 성공적이었고 페로는 그날로 전설이 되었다.

책을 다 읽었을 때 졸업 후 내가 일하고 싶은 회사는 EDS뿐이라는 것을 알았다. EDS에서 우리 대학을 방문했을 때 면접 기회를 놓쳐 실망하기도 했지만 나는 포기하지 않았다. 내가 가진 유일한 정장인 파란색 블레이저를 입고 EDS의 채용 담당자가 출근할 때까지 기다렸다가 이력서를 내밀며 내가 면접을 봐야 하는 이유에 대해 말했다. 끝내 점심 약속을 받아냈고, 3개월 뒤에는 EDS의 신입사원이 되어 텍사스주 플라노에서 열린 오리엔테이션에 참석하게 되었다. 처음 한 시간 동안 우리는 사장 제프 헬러^{Jeff Heller}와 함께 EDS의 핵심 가치와 EDS 직원에게 그것이 얼마나 중요한지에 대해 이야기를 나누었다. 그 순간 나는 내가 있어야 할 곳에 있다는 것을 깨달았다.

전설이 되기 위해 겁 없이 감옥에 뛰어들 필요는 없다. 그 대신 리더십을 통해 커다란 발자취를 남길 수 있는 네 가지 방법을 여러분에게 소개하겠다.

첫째, 명확한 비전을 세우고 그것을 달성하기 위한 자원을 확보한 뒤 사람들을 이끌어라.

둘째, 최고 역량을 발휘할 수 있도록 사람들을 코치하라. 매주 조금이나마 시간을 투자해 기술이나 자질을 발전시키는 방법을 알려주자. 데일리 코칭은 대부분의 사람들에게 지속적인 영향을 줄 수 있는 가장 쉽고 좋은 방법이다. 30분의 코칭이 누군가의 인생을 변화시킬 수도 있다.

셋째, 멘토가 돼라. 삶의 속도를 늦추고 주변 사람들에게 시간을 투자하자. 친구, 가족, 동료 등 주변을 둘러보고 리더십의 길로 인도할 사람을 찾아보자. 여러분도 개인적으로나 직업적으로 멘토에게 많은 도움을 받았을 가능성이 크다.

넷째, 사람들에게 선행과 봉사의 자질을 길러주고 리더가 될 수 있도록 격려한다면 그들도 다른 사람들에게 그렇게 할 것이다. 이를 통해 사람들이 잠재력을 발휘하는 데 방해가 되는 두려움·불확실성·의심을 빠르게 제거할 수 있다.

그리고 마지막으로, 대가를 바라지 않고 베푸는 법을 터득하면 좋겠다.

이끌기,
리더십의 기하급수적인 유산

리더가 되기로 마음을 먹으면 리더십의 기하급수적인 유산을 남기게 된다. 그것을 수치화해보자. 만약 여러분이 10명을 이끌고 그 10명이 또 다른 10명을 이끌고 그 10명이 또 다른 10명을 이끌어 공동의 목표를 달성한다면, 여러분은 지구상에서 1,000명 이상의 삶에 영향을 미치게 된다.

열 사람을 이끄는 것만으로 향후 10년간 50만 번의 두려움·불확실성·의심의 순간을 없앨 수 있다면 어떨까? 이는 여러분이 500번의 두려움을 없애는 데 도움을 주었고, 500번의 불확실성을 극복하는 데 도움을 주었으며, 500번의 의심을 지우는 데 도움을 주었다는 뜻이다.

평균적으로 한 달에 여러 번 두려움·불확실성·의심을 느낀다고 가정하고, 여기에 여러분이 영향을 미친 수천 명의 사람들을 곱하면 사람들에게 두려움 없는 리더십을 심어줄 기회는 50만 번 이상이 된다.

이제 평생 100명의 사람들에게 두려움 없는 리더십을 심어준다고 가정해보자. 그리고 그 영향력이 폭발적으로 증가해 10억 명 이상의 사람들에게 두려움·불확실성·의심과의 싸움에서 승리할 힘을 실어주었다고 상상해보자. 여러분이 매일 아침 두려움 없는 리더가 되기로 결심하면 전 세계 사람들을 대상으로 10억 개 이상의 긍정적인 결과를 창출하게 된다. 그게 바로 전설적인 리더십이라는 유산이다.

코치하기,
매일의 목표 달성을 위한 한입 크기 코칭

코칭은 매우 효과적이다. 코칭의 목적과 과정은 이끌기와 관리, 멘토링과 다르다. 누군가를 이끈다는 것은 목표 달성에 초점을 맞춰 팀에게 동기를 부여하고 조직을 책임진다는 뜻을 포함한다. 관리는 회사와 리더가 중시하는 공동의 목표를 효과적으로 달성하는 것이다. 여기에는 업무, 프로젝트, 사람, 그리고 자신에 대한 관리가 포함된다. 멘토링은 개인과 커리어의 전반적인 발전을 돕는 광범위한 개념이다.

코칭은 멘토링과 마찬가지로 개인에게 초점을 맞춘다. 하지만 코칭은 학습을 통해 특정 목표를 달성하도록 유도한다는 점에서 멘토링과 차이가 있다. 예를 들어 영업 전화를 걸거나 직무를 더 잘 수행하거나 정확한 패스를 구사하도록 누군가를 코치할 수 있다. 코칭에는 인내심, 목적, 적당한 속도가 필요하다.

코칭을 결심하면 당신이 다른 사람에게 어떤 영향을 미치는지 즉시 확인할 수 있다. 리더십과 멘토링이 장기전이라면 코칭은 단기전이다. 코칭은 리더십과 멘토링을 매일 한입 크기로 제공하는 것이라고 생각하면 된다. 그렇다면 어떻게 매일 한입 크기의 코칭을 제공할 수 있을까? 다음 세 가지 단계를 따르면 된다.

- **속도 늦추기:** 오늘날에는 특히 어렵게 느껴질 수 있다. 받은 편지함에는 새 메일이 50개나 쌓여 있고 끝없는 할 일 목록과 6건의 회의가 연속으로 잡혀 있지만, 다른 사람의 성공에 투자하기 위해 속도를 늦추고 다른 사람을 돕겠다는 결단을 내려야 한다.
- **시간 투자:** 이메일 50개를 훑어보다가 어려움을 겪고 있는 동료나 멘티가 보낸 이메일을 발견했다면, 30초짜리 답장을 보내는 대신 자리에서 일어나거나 전화기를 들어 5~10분 동안 한입 크기의 실시간 코칭을 해보자.
- **끌어올리는 코칭:** 누군가를 돕기 위해 속도를 늦추고 시간을 냈다면 다음 단계는 그 사람을 끌어내리는 것이 아닌 끌어올리는 코칭을 하는 것이다. 때로는 속도를 충분히 늦추지 않거나 시간을 충분히 확보하지 않아서 의도치 않게 그것이 관

리처럼 보일 수 있다. 공감하는 자세를 바탕으로 선생님처럼 설명하고 보여주고 시연하라. 말하거나 지시하기보다는 경청하고 배우자. 점진적인 코칭은 상대방으로 하여금 여러분의 도움을 더욱 긍정적으로 받아들이게 한다.

이 장에서 빌 벨리칙^{Bill Belichick}을 빼놓고는 코칭에 대한 이야기를 완성할 수 없다. 그는 지배적인 왕조가 존재할 수 없는 구조의 스포츠에서 20년 동안이나 왕조를 세우는 것과 같은 성공을 이어가며 코칭의 전설이 되었다. 그 비결은 단순한 시스템에 있었다. 미식축구에는 샐러리캡(프로구단이 선수에게 지불할 수 있는 연봉 총액의 상한선−옮긴이)이 있어 한 팀이 최고의 선수를 모두 영입할 수는 없다.

벨리칙 감독의 코칭 스타일이 성공적이었던 이유는 유연한 시스템을 갖추고, 경험과 관계없이 시스템에 잘 맞고 시스템 안에서 싱공할 수 있는 선수를 지속적으로 영입했기 때문이었다. 그는 보스턴 지역의 라디오 방송 WEEI의 '그레그 힐 쇼^{The Greg Hill Show}'에서 다음과 같이 말했다.

"새로운 시스템을 빠르게 습득하는 능력보다 경험이 늘 더 중요하다고 말하기는 어렵습니다. 이것이 무슨 말이냐 하면 팀이나 선수를 지도할 때 그가 신인인지, 혹은 2년차, 7년차, 9년차

선수인지를 생각할 필요가 없다는 뜻입니다. 단지 그 선수의 실력이 더 나아지도록 지도할 뿐입니다. 선수의 연차나 포지션에 관계없이 선수별로 균형을 찾아야 합니다. 그게 바로 코칭입니다." 이보다 코칭을 더 잘 설명할 수 있는 말은 없을 것이다.[14]

멘토 되기,
대가를 바라지 않는 자원봉사

이제 멘토가 무엇인지 자세히 알아보자. 첫째, 멘토는 자원봉사자다. 공식적인 멘토링 프로그램을 운영하는 회사들조차 멘토에게는 그 어떤 보상도 주지 않는다. 둘째, 멘토는 멘티의 발전에만 초점을 맞추고 멘티의 직업적 목표를 달성할 수 있도록 돕는다. 셋째, 멘토는 개인적 또는 직업적 이득을 기대하지 않고 멘티의 경력 발전을 위해 시간을 투자한다.

멘토링이 대가를 바라지 않는 자원봉사이기 때문에, 내 인생을 바꾼 여섯 명의 멘토(비키, 발, 빌, 존, 게리 B., 게리 F.)에게 더욱 특별함을 느낀다.

우리가 함께한 모든 모임, 그들이 건넨 모든 조언, 내가 어리석은 결정을 내리지 못하게 막아준 모든 순간과 나에게 격려를 건넨 모든 방식은 온전히 나를 위한 것이었다. 여섯 명 모두 언제나 엄청나게 바빴지만 어떻게든 시간을 내 인내심을 가지고 나를 가르쳤다. 어떤 직업을 가져야 할지부터 레스토랑에서 어떤 와인을 골라야 하는지까지 비즈니스에 관련된 조언은 물론 개인적인 가르침도 아끼지 않았다.

훌륭한 멘토는 멘토십 과정에서 몇 가지 책임을 수행한다. 나는 이것을 여섯 가지 역할로 분류해보았다.

1. 롤모델

롤모델은 아마도 멘티가 멘토를 선택할 때 가장 큰 영향을 미치는 요소일 것이다. 나의 모든 멘토는 사무실 안팎에서 나의 롤모델이었다. 가만히 생각해보면 그들은 한 번도 나의 롤모델이 되려 한 적이 없었다. 내가 사무실에서 보고 배운 그들의 긍정적인 행동을 모델로 삼았을 뿐이다. 그들이 사생활과 커뮤니티에서 어떻게 행동했는지도 나에게 영향을 미쳤다. 나는 그들이 회의를 운영하는 방식과 직원들을 돌보는 방식은 물론 다른 사람을 위해 봉사하는 리더십 스타일에도 주목했다.

2. 능력자

능력자는 롤모델 바로 다음으로 큰 비중을 갖는다. 우리는 종종 직장에서 멘토를 볼 기회를 갖는다. 멘토가 일하는 방식과 그들이 달성한 결과는 멘티에게 매력적으로 다가온다. 따라서 훌륭한 멘토가 되려면 지속적으로 높은 성과를 내야 한다.

처음 실리콘밸리에 갔을 때 나는 미숙한 서른 살 청년이었다. 게리 B.는 나를 고용한 회사의 CEO였고, 나는 그 회사의 2인자였다. 나는 몇 년에 걸쳐 게리로부터 엄청난 비즈니스 감각과 비즈니스 문화를 배웠으며, 경영진으로서 어떻게 일해야 하는지도 배웠다.

그가 알려준 지혜 중 하나는 "행사에 참석하는 것도 업무의 일부라는 점을 명심해. 우리가 해야 할 일은 그곳에 온 모든 이가 자신을 특별한 사람이라고 느끼게 만드는 거야"였다. 지금도 그의 말이 기억에 남는다. 게리는 사무실 안팎에서 멘토링을 해주었다. 어느 날 저녁 캘리포니아 멘로 파크^{Menlo Park}에 있는 한 레스토랑에서 그와 만났던 일이 기억난다. 우리가 매우 좋아하던 곳이었다. 게리와 나는 저녁식사를 하며 와인을 주제로 이야기를 나누었다. 그는 와인 애호가였고 누구와 식사하든 언제나 와인을 주문했다. 나는 그의 멋진 모습을 따라하고 싶었다. 그래서 와인에 대한 정보를 몇 자 적어 지갑에 넣고 와인 가게에 가기도 했지만 그것만으로는 누구에게 어떤 가격대의 어떤 와인이 어울릴지 판단하기 어려웠다. 게리 B.는 그 분야에 정말 뛰어났다.

잘 가르쳐줘서 감사하다는 말밖에 할 말이 없다!

3. 스승

스승은 훌륭한 멘토링의 초석과도 같다. 훌륭한 멘토는 인내심을 가지고 멘티가 원하는 목표를 달성하도록 가르침을 아끼지 않는다. 또한 자신의 역량, 지식, 지혜를 쉽게 전수하는 능력도 갖추고 있다. 때로는 멘티에게 도전의식을 불러일으키면서도 동시에 그들이 적응할 수 있도록 돕는다. 훌륭한 스승이 되기란 쉬운 일이 아니다. 인내심과 연습, 그리고 진정성 있는 의지가 필요하다.

4. 지지자

지지자는 다른 사람을 대변하고 그들의 대의를 발전시키는 이타적인 역할을 한다. 때때로 훌륭한 멘토는 멘티의 기술과 경험을 다른 사람들에게도 알려 멘티를 주목받게 한다. 때로는 멘토가 더 적극적으로 나서 멘티가 인정받거나 전근 또는 승진할 수 있도록 열성적으로 홍보하기도 한다. 나도 그런 멘토를 만나는 행운을 얻었다.

1997년 6월, 나의 멘토인 발과 빌이 나를 사무실로 부르더니 내가 텍사스주 플래노에 있는 새로운 기업의 높은 직책으로 가게 되었다고 알려주었다. 당시 스물일곱 살이던 나는 승진에 대한 기대감에 부풀어 있었고 이틀 후 뒤도 돌아보지 않고 더 좋고 멋진 새 직장으로 떠났다.

몇 년 후 내가 누군가의 멘토가 되었을 때 발과 빌이 나에게 해준 일의 깊이를 깨달았다. 나는 그들과 같은 사업부에서 일하고 있었고, 내 역할을 꽤 잘해내고 있었다. 따라서 내가 이직하는 것은 그 사업부의 손실이었다. 하지만 그들은 승진 후보자 명단에 내 이름을 올려주고, 내가 승진하자 마치 자신의 일처럼 기뻐해주었다. 그들은 나의 경력과 나의 개인적인 발전을 위해 팀의 손실을 감내했다. 그들이 나에게 지지와 격려와 조언을 아끼지 않았다는 사실을 떠올리면 그들에게 무한한 감사를 느낀다.

5. 커뮤니케이터

커뮤니케이터는 멘토링이 일상적으로 잘 이루어지도록 돕는다. 훌륭한 멘토는 훌륭한 경청자다. 그들은 적극적으로 듣고, 언제 개입해 조언을 건네야 할지 알고 있으며, 어떻게 말해야 하는지 알고 있다. 행간을 읽고 멘티가 직접 볼 수 없는 부분까지 들여다보는 능력을 갖추고 있다. 때로는 비즈니스와 인생에서 쌓은 훌륭한 경험을 바탕으로 멘티의 문제나 도전과제를 해결하도록 돕고 기회를 가져다주기도 한다.

최고의 멘토 중에는 질문을 통한 접근법을 사용하는 이들이 있다. 멘티에게 여러 가지 질문을 던짐으로써 더 깊이 고민하게 하고 더 신중한 결정을 내리도록 유도하는 것이다. 나는 멘토들의 예리한 질문에 당황한 나머지 분명히 알고 있는 답도 제대로 이야기하지 못했던 경험이 있다. 그런 점에서 그들의 기술은 나를 견제하는 역할을 했고, 내가 자존심에 상처를 입지 않고 스스로 결정을 내릴 수 있게 해주었다.

게리 F.는 나를 성장시키는 방법을 잘 아는 멘토 중 한 명이었다. 언젠가 내가 지원했다가 떨어진 일자리에 대해 이야기를 하고 싶어 게리에게 만남을 요청한 적이 있다. 나는 자리에 앉자마자 그 회사가 내가 아닌 다른 사람을 뽑은 것이 얼마나 미친 짓인지 이야기하기 시작했다. 그 사람은 나보다 자격이 부족하고 내가 그 사람보다 더 낫다고 이야기했던 것 같다.

게리는 날 쳐다보더니 이렇게 말했다. "내 생각도 그래. 네 말이 다 맞고 나라면 틀림없이 너를 뽑았을 거야. 그런데 왜 그 일자리를 원하지? 장래성이 없어 보이는데."

"네? 무슨 말씀이세요? 승진할 기회였다고요." 내가 말했다.

"그래, 사양 산업 분야에서의 승진이지. 1년에 겨우 2% 성장하는 분야야. 더 나은 기회를 기다려봐." 게리가 대답했다.

그 당시 나는 큰 그림을 보지 못하고 있었다. 승진하지 못했다는 사실에 분노했고 지는 것이 싫을 뿐이었다. 다행히도 1년 뒤 더 좋은 기회가 찾아왔고 나는 그 기회를 잡았다. 그때 게리는 이렇게 말했다. "생각해봐. 다른 직장에 취직했으면 그 자리에는 지원도 하지 못했을 거야." 나는 게리의 인내심과 지혜에 영원히 감사하고 있다.

6. 조언자

조언자는 멘토-멘티 관계의 정점에 있는 사람이다. 멘토가 멘티를 성장시키는 과정에서 멘티에게 변화를 가져올 수 있는 결정에 대해 조언해줘야 하는 순간이 있다. 멘토는 더 큰 그림을 볼 수 있고, 모든 방면을 둘러보는 관점과 '직접 겪은 경험'을 가지고 있다.

2001년 내가 첫 번째 CEO 역할을 마치고 경쟁에서 벗어난 것에 감사하며 경영 일선에서 잠시 물러나 있을 때였다. 나는 내 오랜 멘토이자 대기업의 CEO였던 존을 만나 앞으로의 일에 대해 조언을 구하기 위해 뉴욕으로 날아갔다. 당시 나는 일을 손에서 놓지 않고 바쁘게 지내려고 몇 건의 컨설팅을 맡고 있었다. 이야기를 나누던 우리는 내가 소규모 컨설팅을 통해 그와 그의 회사, 그리고 이사회를 도울 수 있을 것이라는 판단을 내렸다.

2주의 계약 기간 동안 우리는 시너지 효과를 냈고 그것을 통해 회사가 유의미한 성과를 거두었다는 사실을 알게 됐다. 센트럴파크 근처에서 술자리를 가지며 우리는 비경쟁적이면서도 회사에 큰 가치를 가져다줄 새로운 역할을 찾아냈다. 단순한 멘토링이 환상적인 채용 제안으로 바뀐 것이다. 나는 존의 조언과 그가 가진 고유한 관점에 대해 진심으로 감사하게 생각한다.

멘토링은 혼자 하는 것이 아니다. 멘토링이 성공하려면 멘티도 자신의 역할과 책임을 다해야 한다. 멘티의 역할을 네 가지로 분류하면 다음과 같다.

- **근로자:** 멘토십이 시작되는 지점이자 가속 혹은 중단되는 지점이다. 멘토는 기본적으로 자원봉사를 하는 것이며 아무 대가도 바라지 않고 기꺼이 자신의 시간을 투자하고 있다는 것을 기억하라. 어쩌면 몇 가지 대가를 기대할 수도 있다. 그중 첫 번째는 멘티가 그들이 맡은 일을 열심히 할 것이라는 기대다. 완벽을 바라지는 않지만, 최선을 다하기를 기대하는 것은 분명하다. 때때로 멘티가 업무 중에 실수를 하면 멘토가 개입해 도움을 줄 수 있다. 중요한 것은 멘티가 자신의 직업적 성장과 개인적 성장에 전념하고 있다는 사실을 멘토에게 보여줄 수 있어야 한다.
- **제자:** 훌륭한 멘토링의 핵심 요건이다. 생산적인 멘티는 멘

토로부터 가능한 한 많은 것을 흡수하려고 노력한다. 비즈니스 교훈, 인생 교훈, 모범 사례, 흔한 실수와 같은 것들을 본보기로 삼는다. 제자가 되려면 학습 능력과 변화하려는 자세를 갖춰야 한다. 사회에서 훌륭한 제자가 되는 것은 학교에서 좋은 학생이 되는 것과 크게 다르지 않다. 종이 울리면 책상에 앉아 칠판 앞에 있는 멘토를 바라볼 필요는 없으나 우리의 직업 세계는 여전히 교실과 같다. 생산적인 멘티가 된다는 것은 다음 수업을 준비하고, 자신을 발전시키는 데 중점을 두고, 새로운 아이디어를 찾고, 스스로 책임을 지는 것이다.

- **커뮤니케이터:** 멘토링을 성공으로 이끄는 요소다. 목표가 무엇이며 어떤 사람이 되고 싶은지, 무엇을 성취하고 싶은지를 분명히 표현하는 것은 멘티의 책임이다. 멘티의 비전은 다소 흐릿할 수 있으며, 그 안개를 걷어내는 것이 멘토의 역할이다. 결국 멘티는 그들의 니즈, 도전과제, 기회에 대해 소통할 수 있어야 한다. 마지막으로 멘티는 건설적인 피드백을 잘 받아들이고 가르칠 만한 사람이어야 한다는 점도 매우 중요하다. 발전하고 성장하기 위해서는 불편함을 감수해야 한다.
- **행동가:** 전체 멘토링의 투자 수익을 결정하는 요소다. 멘토의 여섯 가지 역할과 멘티의 첫 세 가지 역할을 통해 우리는 가

장 중요한 것, 즉 멘티가 멘토로부터 전수받은 모든 지혜와 지식을 행동으로 옮길 수 있는 토대를 마련했다. 훌륭한 멘티는 주어진 일을 완수하고 멘토에게 자신의 진행 상황을 지속적으로 알린다.

삶을 변화시키는
멘토링 프로그램 만들기

커리어에 투자하고 발전 속도를 높일 준비가 되었다면, 멘토를 찾는 여정을 시작하기 바란다. 나는 공식 및 비공식 멘토링 프로그램에 모두 참여했으며, 엄청난 성과를 거두었다.

직장에 따라 공식 멘토링 프로그램이 있을 수도 있고 없을 수도 있다. 만약 있다면 잘된 일이다. 어떻게 운영되는지 알아보고 시작하자. 공식적인 프로그램이 없다면, 주위에서 롤모델로 삼을 만한 사람을 찾아보고 그중 어떤 형태로든 연락을 취할 수 있는 사람을 다섯 명 정도 골라 명단을 만들자. 미리 관계를 맺는 것보다 이들에게 연락을 취할 수 있는가가 더 중요하다. 좋은 멘티가 되겠다고 마음을 먹었다면 명단을 보며 차례로 연락을 돌려 내년에 멘토가 되어줄 수 있는지 물어보자.

멘토링을 받았던 사람은 다른 사람에게 멘토링 할 기회가 왔을 때 이를 수락할 사회적 책임이 있다고 생각한다. 확신컨대, 멘토링은 시간과 노력을 들일 만한 가치가 있다. 리더십 여정의 어느 단계에 있든 누군가가 자신의 성공을 위해 도움을 요청하는 것은 환상적인 일이다.

사실 나는 아직도 배울 것이 많다는 것을 잘 알고 있기 때문에 나 자신의 개인적, 직업적 성장을 위한 멘토를 찾고 있다. 세상은 엄청난 지혜로 가득 차 있으니 여러분은 손을 뻗어 그것을 잡기만 하면 된다.

리더 자질 길러주기,
성장시키고 발전시키고 격려하는 리더

리더의 긍정적인 영향은
리더십을 길러준다

기른다 또는 양성한다^{cultivate}는 말은 '성장시키다' '발전시키다' '격려하다'라는 의미를 포함한다. 용감한 리더는 살면서 만나는 모든 사람에게 이를 적용하여 실천한다. 양성 수준은 상황, 그룹, 개인에 따라 달라진다.

어떤 이들은 대상을 직접 만나지 않고도 그의 긍정적인 평판이나 브랜드를 통해 힘을 얻기도 한다. 직접 만날 수 있는 사람에게는 그들과 소통하고, 그들의 말에 귀를 기울이고, 그들을 알기 위해 시간과 노력을 투자함으로써 직접적인 에너지를 전해줄 수 있다. 그리고 이보다 더 친밀한 사람에게는 깊은 관계 맺기와 개별화된 코칭 및 멘토링을 통해 보다 명확한 목적의식을 가지고 이들을 양성할 수 있다.

리더에게는 직장과 이웃, 자녀, 사교계, 교회, 체육관, 커피숍 등 그 지역사회에서 일어나는 모든 상호작용에서 리더십을 발휘할 기회가 주어진다. 하지만 대부분의 사람은 살면서 그들이 리더가 될 수 있다거나, 다른 사람이 리더십을 발휘하도록 도울 수 있을 거라는 말을 들어본 적조차 없을 것이다.

리더는 다양한 방법으로 사람들을 양성한다. 여기서 다른 사람을 성장시키고 발전시키고 격려하는 데 탁월했던 리더 네 명을 소개한다. 이들 중 두 사람은 내가 속한 커뮤니티의 사람들이고, 한 사람은 나의 동료였다. 먼저 우리 모두가 잘 알고 있는 리더에 대한 이야기를 꺼내려고 한다. 바로 마틴 루터 킹 주니어 목사에 대한 이야기다.

역사상 킹 목사만큼이나 하나의 메시지로 많은 사람을 성공적으로 결집시킨 인물은 없을 것이다. 그는 교회에서 교회로, 모임에서 모임으로, 정치인에서 정치인으로, 시민에서 시민으로 메시지를 전파했고 대중이 그를 따르기만 하는 것이 아니라 각자가 대의를 이끌 수 있도록 독려했다.

그는 몽고메리 버스 보이콧 운동(미국 앨라배마주 몽고메리의 대중교통 시스템의 인종차별 정책에 반대하는 항의 운동. 흑백분리주의 철폐를 요구하며 흑인들이 버스 탑승을 거부함—옮긴이)과 민권법 및 투표권리법의 통과로 이어진 1963년 워싱턴 행진의 원동력이었다. 폭력이 아닌 경청, 소통, 공감을 통해 격동의 시기를 헤쳐나갔으며 모두를 위한 평등이라는 메시지에 힘을 불어넣어줄 강한 신념을 가진 리더를 양성했다.

앞으로 그와 같은 리더를 다시 만나기는 어려울 수도 있지만, 우리 주변에는 작은 규모로나마 더 큰 선을 위해 주위 사람들을 양성하는 이들이 있다.

조지프 N. 라플란테^{Joseph N. Laplante} 판사는 '가진 것보다 더 많이 베푸는 사람'의 표본이다. 긴 시간 동안 그의 활동을 지켜보면서 깨달은 것은 그가 베푸는 것에 능숙할 뿐 아니라 남이 베풀 수 있도록 하는 데도 매우 능숙하다는 점이었다. 나는 그것이 더 큰 선을 위해 타인을 격려하는 완벽한 예라고 생각한다. 그는 수년간 PAL이나 보이즈앤걸즈클럽^{Boys and Girls Clubs}을 비롯한 다양한 단체에서 자원봉사를 했다. 그런 그를 진정으로 돋보이게 만드는 것은 자신의 광범위한 네트워크를 커뮤니티로 끌어들인다는 점이다.

나는 조지프로부터 가끔 '당신이 A에 가는 거 알아요. 이 사람을 태워줄 수 있을까요?' 또는 '다음주 토요일에 잠시만 짬을 내서 프로젝트를 도와줄 수 있나요?'라는 문자를 받는다. 그러겠다고 답하면 나는 조지프가 프로젝트를 위해 동원한 스무 명, 혹은 그 이상의 다양한 기술자들과 만나게 된다. 농구 코트를 마련하는 일이든 기금 모금 만찬을 여는 일이든 어떤 일이든 상관없다. 조지프가 하는 모든 일은 커뮤니티의 발전을 위한 것이기 때문에 그가 요청하면 많은 사람이 동참한다. 그는 자신의 폭넓은 직업적, 개인적 네트워크를 활용하여 자원봉사자 커뮤니티를 확장해나가고 있다.

미들베리 대학Middlebury College의 운동부 감독인 에런 퀸Aaron Quinn은 선수들에게 긍정적인 영향을 미치기 위해 여러모로 노력하고 있다. 에런에게는 함께하는 이들을 살뜰하게 챙기는 진정 어린 마음이 있다. 기본적인 업무를 처리하는 직원이 있음에도 불구하고 행사 때마다 모든 선수가 피자를 충분히 먹었는지 확인하고 물이 부족해 보이면 곧장 달려가 물을 더 많이 챙겨온다.

그는 항상 모든 사람이 괜찮은지, 필요한 것이 있는지 확인하는 사람이다. 에런과 함께 있으면 모든 사람이 자신을 중요한 사람으로 여기게 된다. 그는 직책에 얽매이지 않고 학생들을 돕는 것이 매우 중요한 일이라고 생각한다. 미들베리 대학에 재학 중인 운동선수 중 에런 퀸의 존재감과 긍정적인 영향력을 느끼지 못하는 학생은 없을 것이라고 장담한다.

건강한 기업 문화를 조성하는
5가지 방법

최근 한 통계를 읽고 얼마나 많은 기업이 직원 만족과 기업 문화 형성에 어려움을 겪고 있는지 생각해보게 되었다. 《월스트리트저널》에 따르면 미국 근로자의 51%가 자신의 직업에 만족한다고 답했다. 이는 2005년 이후 가장 높은 수치로, '높아진 직업 만족도'의 지표로 사용되었다.[15] 하지만 어떻게 49%의 근로자가 불만족하고 있다는 사실에 기뻐할 수 있단 말인가?

기업은 51%의 직원 만족도를 기업 문화가 나쁘지 않은것, 즉 괜찮은 것으로 받아들일 수 없으며, 그래서도 안 된다. 직원의 행복도가 높아지면 생산성과 수익성이 높아진다는 것은 잘 알려진 사실이다.

직원들이 회사의 전략적 방향과 같은 방향으로 향하고, 자신의 목표가 회사의 비전에 어떻게 기여하는지 알 수 있을 때 직무만족도는 높아진다. 직원들의 참여도가 높아야 고객에게 더 나은 솔루션과 서비스를 제공할 수 있음은 물론이다.

회사와 직원 사이에 유대감을 구축하고 높은 직원 참여도를 이끌어내는 것은 건강한 기업 문화를 만드는 것에서부터 시작된다. 이를 위한 다섯 가지 방법을 소개한다.

1. **기업 문화를 정의하라:** 규정하든 하지 않든 기업 문화는 저절로 정의된다. 문제는 그것을 무의식적으로 정의했느냐, 아니면 의식적으로 정의했느냐는 것이다. 의식적이기보다는 무의식적으로 기업 문화를 만들어왔다면, 이번 기회에 기업 문화에 대해 심도 있게 검토해보자. 회사를 성장시키는 핵심 가치와 시간이 지남에 따라 더욱 확장, 발전시켜야 할 부분을 파악하는 일부터 시작하자. 그런 다음 모든 직원이 공감하고 결집할 수 있는 방식으로 회사의 핵심 가치를 명확히 표현하라. 직원 모두가 브랜드 홍보대사와 지지자가 될 수 있도록 기업 문화를 쉽게 설명할 수 있는 것으로 정리하는 것이 중요하다.

2. **기업 문화에 맞는 사람을 채용하라:** 만약 기업 문화를 협업, 성실함, 서비스 지향, 혁신으로 정의했다면, 지원자를 살펴볼 때 '성실함을 갖추었으며 협력적이고 혁신적이며 서비스 정신으로 무장한 사람인가?'를 생각해봐야 한다. 어떤 기업 문화를 가졌든 그 문화에 맞는 사람을 채용할 필요가 있다.

3. **기업 문화가 성과 관리 프로세스의 일부인지 확인하라:** 기업 문화의 특성을 평가하고 개선하고 있는가? 협업이 기업 문화에 중요하다고 말하면서 성과 검토에서 논의되지 않는다면 그것이 중요하지 않다는 메시지를 보내는 것이다.

4. **올바른 기업 문화 특성을 장려하라:** 기업 문화를 형성하고 유

지하는 과정의 일부는 팀원 중 누가 리더로서 그 문화를 이끌어갈 수 있는지 파악하는 것이다. 기업 문화가 근면과 혁신, 협력이라는 가치를 담고 있다면 리더는 반드시 이러한 특징을 갖추어야 한다.

5. **기업 문화와 맞지 않는 직원을 관리하라:** 기업 문화를 만들기는 어렵지만, 망치는 일은 몇 사람만으로도 가능하다. 기업 문화에 맞지 않는 직원을 관리하는 것이 어렵게 느껴질 수도 있지만, 때로는 그 직원과 약간의 껄끄러운 대화만 나누면 되는 단순한 일이기도 하다. 누군가 자신의 역할 문제로 회사에서 어려움을 겪고 있다면 그들은 대개 자신이 어려움을 겪고 있다는 사실을 인지하고 있으며, 기업 문화에 맞지 않는다는 것도 알고 있다. 껄끄러운 대화를 나누는 것만으로도 당사자는 회사 내부든 외부든 다른 역할을 찾거나 자신의 업무 능력을 개선하거나 문제를 해결하기 위한 조치를 취해야 한다는 것을 깨닫게 된다.

건강한 기업 문화를 선제적으로 구축하는 것은 쉽지 않은 일이지만, 이는 기업이 직원 참여도와 만족도를 높이고, 고객 유지와 고객 만족도에 긍정적인 변화를 줄 수 있는 최선의 방법이다. 기업 문화를 정의하고, 이를 채용, 성과 관리, 승진의 지침으로 삼는 것은 생산성과 수익성의 발전으로 이어질 수 있다.

모든 회사가 이를 행동으로 옮기면 점진적으로 일자리 문화를 변화시킬 수 있으며, 51%의 만족도를 성공으로 여기는 대신 더 나은 직장 생활을 위한 출발점으로 삼을 수 있을 것이다. 51%에 안주하지 말자. 만족도에 대한 기준을 훨씬 더 높게 설정하고 매년 전년도를 뛰어넘기 위해 노력하자.

섬김의 리더십을 구축하라

LGA(뉴잉글랜드에 기반을 둔 회계 및 기업 자문 회사—옮긴이)의 전무(매니징 파트너) 존 제라시John Geraci는 직원을 최우선으로 생각하는 기업 문화를 의도적으로, 그리고 진정성 있게 발전시켰다. 폭주하는 상담과 주 70시간 이상의 근무를 성공의 척도로 여기는 업계에서 존은 과감하게 이를 뒤집었다. 그리고 영화 〈꿈의 구장 Field of Dreams〉에서 영감을 받아 새로운 업무 환경을 만들었다.

제가 처음 이 업계에 발을 들였을 때는 상사가 시키는 일은 무엇이든 해야 한다고 생각했습니다. 최우선 순위는 일이고 가족은 두 번째라고 생각했죠. 연말정산 시기가 가까워지면 사장님은 금요일에 나를 찾아와 "내일 출근해서 서류작업을 해줄 수 있겠나?

업무가 밀리지 않게 좀 도와줬으면 하는데"라고 말했고 저는 언제나 "그러겠다"고 대답했습니다.

때로는 토요일에도 "내일도 출근할 수 있겠나?"라고 물었습니다. 어느 토요일, 그가 나에게 추가 근무를 요청했지만 다음날은 아내 생일이었습니다. 저는 어쩔 수 없이 "내일이 아내 생일이라 출근하기가 어려울 것 같습니다. 함께 저녁식사도 해야 하고요"라고 대답했습니다.

그는 잠깐의 망설임도 없이 "내일 밤에 부인을 여기로 오라고 하는 게 어때? 내일 여기서 저녁식사를 하고 함께 케이크를 먹어도 될 것 같은데"라고 말했습니다. 선택의 여지가 없었기 때문에 그날 밤 집으로 돌아가 아내에게 생일을 맞아 당신을 회사에 초대하기로 했다고 말했습니다. 일이란 그런 것이었습니다. 지금의 저는 누군가가 아내의 생일이라 시간을 내기 어렵다고 하면 그것을 존중할 것이고 절대 출근을 부탁하지 않을 겁니다.

지금 생각해보면 재밌는 것은 당시에는 상사의 반응이 친절하게 느껴졌다는 것입니다. 당시 업계에서 기대할 수 있는 일반적인 반응은 "누구 생일이든 상관없어. 당신은 내일 일을 해야 해"였기 때문이죠. 연말정산 기간에 가장 많은 일을 한 직원이 되는 것을 명예로운 훈장처럼 여기던 시절이었습니다.

저는 VCC에서 성장했고, 그곳에서 근무하는 동안 폭발적인 성장을 주도한 비전 있는 리더십을 목격하는 기회를 얻었습니다. 하지만 2009년에는 12년 동안 몸담았던 VCC에서 떠날 때가 되었다는 판단에 따라 LGA로 옮기게 되었습니다.

새로운 직장에서 존은 직원을 최우선으로 하는 업무 환경을 구상했다. 그 비전을 향한 첫걸음 중 하나는 LGA 직원들의 경력 발전을 위해 기회와 투명성을 확보하는 일이었다.

저는 입사 지원자들에게 우리 회사를 찰흙 덩어리로 표현했습니다. 그리고 이렇게 말했습니다. "나중에 돌아볼 수 있도록 어딘가에 발자국을 남기고 싶거나 자부심을 느낄 만한 무언가를 구축하고 싶다면, 우리 회사가 제격입니다. 우리는 여러분을 소중히 여기고, 여러분의 생각을 중요하게 생각하기 때문입니다. 우리는 여러분이 이곳을 '우리' 회사가 아닌 '여러분의' 회사라고 느끼기를 바랍니다." 이와 같은 방식으로 기업 문화를 바꾸는 것은 즐거운 일이었지만, 《보스턴 비즈니스 저널》이 주최한 '최고의 직장' 행사에 참석하기 전까지는 구체적으로 어떤 일을 해야 하는지 깨닫지 못하고 있었습니다.

이 행사에는 역대 수상자들이 패널로 참여하는데, 패널들은 각자의 직장이 가장 일하기 좋은 직장이었던 이유와 그 비결을 공유했습니다. 그중 저에게 가장 깊은 인상을 남긴 것은 회사 경영진의 투명성과 이를 통한 유대감 증진에 관한 내용이었습니다. 당시 저는 회사에서 가장 어린 편에 속했지만 매우 유력한 차기 관리자 후보였습니다. 행사장을 나오며 저는 너무 튀는 사람으로 알려지는 것이 두려워 조심스럽게 리더십을 발휘했다는 것을 깨달았습니다. 저 자신과 리더로서의 모습에 진실하지 못했던 겁니다. 저는 그 순간부터 진정성을 가지고 리더십을 발휘해야겠다고 생각했습니다.

저의 팀과 제 사람들에게 관심을 가지기 시작하면서 그제야 진정으로 그들을 알게 되었습니다. 저는 그들과 친해지고 싶었습니다. 관리직을 맡으면서 직접적인 고객 서비스에 참여할 기회가 줄다 보니 더 많은 사람에게 유기적으로 영향을 미칠 수 있는 기회도 줄어들었습니다. 방법을 찾아야 했습니다.

저는 모든 직원이 서로에 대해 조금 더 알아갈 수 있도록 입사 후 60일 이내에 모든 팀원과 만날 수 있는 기회를 만들었습니다. 이를 통해 팀원들 간의 유대감이 높아졌습니다. 또한 모두에게 저의 취지와 비전을 이해하고 궁금한 것을 물어볼 수 있는 기회를 주었습니다.

존은 관리자가 자신보다 팀을 더 중요하게 생각해야 한다는 깨달음을 주었다. 모두가 관리자가 되기 위해 열심히 노력하고,

그 목표를 이루고 나면 자신이 남들보다 우위에 있다고 생각하기 쉬운 업계에서는 받아들이기 어려운 개념이었다.

저는 직원들에게 성공한 조직이 되기 위해서는 섬김의 리더십이 필요하다는 것을 알려주어야 했습니다. 또한 '리더는 마지막에 먹는다'는 개념을 우리도 받아들여야 한다는 사실을 이해시켜야 했습니다. 직원들이 X를 하기를 기다렸다가 Y로 대응하는 방식은 더 이상 통하지 않습니다.

존은 어떤 경우에도 고객이 최우선이라는 업계에 뿌리박힌 관념을 과감하게 물리쳤다. 그의 비전은 LGA의 구성원들을 최우선으로 만드는 것이었다.

신뢰할 수 있는 훌륭한 조직을 만든 상태에서 함께 벽을 뛰어넘 사고 말하는 것과 그 어떤 토대를 만들어놓지도 않고 우리가 원하는 대로 해주기를 기대하는 것은 하늘과 땅 차이일 것입니다.

건강한 기업 문화를 구축하겠다던 존의 꿈은 실제로 이루어졌다. 2019년 LGA는 《보스턴 비즈니스 저널》이 선정한 최고의 직장이 되었다.

우리 회사 경영진은 최고의 직장에 선정되었다는 사실에 매우 감격했지만, 저에게는 그보다 더 큰 의미가 있었습니다. 회사를 특별한 조직으로 만들어 직원들이 진정으로 관심을 받는다고 느끼고 스스로를 회사의 중요한 일원으로 여기도록 하기 위해 쏟았던 노력이 헛되지 않았음을 증명했다는 사실입니다. 물론 아직도 해야 할 일이 많습니다. 조직을 이끄는 것은 단거리 경주가 아닌 마라톤입니다. 그 과정에서 무엇을 달성하거나 성취한 것처럼 보여도 지속적으로 노력을 기울여야 하는 다른 영역이 항상 존재합니다. 《보스턴 비즈니스 저널》이 우리 회사의 이름을 외쳤을 때 저는 팀원들에게 축하의 인사를 건네며 이렇게 말했습니다. "이제 시작입니다. 팀을 위한 최고의 환경을 만드는 데 일시 정지 버튼을 누르는 일은 없을 것입니다."

베풀기,
자선과 봉사활동의 긍정적 효과

이끄는 것은 공동의 목표와 비전을 달성할 수 있도록 시간, 감독, 지원, 격려, 지혜와 같은 것을 베푸는 것을 의미한다. 두려움 없는 리더는 시간과 돈 또는 두 가지 모두를 이용해 자선 활동에도 참여한다. 내가 아낌없이 베푸는 부모님과 누나 밑에서 자란 것은 행운이었다. 어머니는 초등학교에서 미술 교사로 자원봉사를 하셨고, 내가 속한 거의 모든 팀의 매니저였으며 형제들을 위한 컵스카우트 리더, 교회의 성만찬식 봉사자, 특별한 도움이 필요한 아이들을 위해 여러 방면으로 활동하는 지칠 줄 모르는 활동가였다. 그 모든 과정에서 아버지는 기금을 모금하거나 재무를 맡으며 어머니와 함께 봉사하셨다.

누나에게는 모든 사람을 특별하게 만드는 재능이 있었다. 예를 들면 풋볼 경기가 있을 때마다 누나는 경기 전과 하프타임에 라커룸 밖에 서서 모든 선수와 하이파이브를 하고 "힘내 코리. 힘내 조. 너희는 할 수 있어"라고 외치며 격려했다. 매 게임, 모든 선수에게 말이다. 누나의 무조건적인 사랑과 나눔은 우리 커뮤니티 전체에 영감을 주었다.

어릴 때 나의 주말은 자원봉사 활동으로 채워져 있었다. 심지어 내가 하는 일이 자원봉사라는 사실도 몰랐다. 특별한 일을 한다고 생각해본 적이 없기 때문이다. 다른 사람과 지역사회를 위해 당연히 해야 하는 일이라고 생각했다. 우리 가족이 나에게 베풂이라는 유산을 물려준 것에 대해 깊이 감사한다.

베푸는 것은 정말 쉽고, 믿을 수 없을 만큼 보람차며, 몸과 마음에 유익하다.

메이요 클리닉은 '친절함의 힘The Art of Kindness'이라는 글을 통해 친절한 행동이 우리 몸에 미치는 긍정적인 효과에 대해 말한다. 친절함에는 다음과 같은 효과가 있다.

- 자존감, 공감 능력, 동정심을 향상시킨다.
- 혈압과 스트레스 호르몬인 코르티솔 농도를 낮춰 스트레스를 감소시킨다.
- 우울한 기분을 개선하고 타인과의 유대감을 강화시켜 관계

를 개선하도록 한다.

그뿐만이 아니다. 친절하게 행동하면 뇌의 신경전달물질인 세로토닌과 도파민이 증가하여 만족감과 행복감이 높아지고 우리 몸의 천연 진통제인 엔도르핀이 분비되어 생리학적으로 뇌를 긍정적인 방향으로 변화시킬 수 있다.[16]

우리 모두에게는 매일 다양한 방법으로 자신이 가진 것을 베풀 기회가 있다. 5킬로미터 달리기, 걸스카우트 쿠키 구매, 지역 보호소의 배식 활동, 청소년 스포츠팀 코치, 헌혈 등 몸과 마음과 영혼에 선함을 불어넣는 모든 활동에 대가를 바라지 않고 참여할 수 있다. 기회는 그야말로 무궁무진하다.

제7장

리더가 된 당신,
이제 시작하라

도약할 준비가 되었다면 이제는 달리기 시작할 때다. 지금까지 우리를 두려움 없는 리더로 성장시키는 여러 가지 자질과 행동 방식에 대해 살펴보았다. 이제 그것들이 어떻게 조화를 이뤄 리더십의 지향점과 삶을 변화시키는지 알아보려고 한다.

이 장에서는 이제 막 리더가 된 사람이 어떻게 계획을 세우고 커리어를 시작하는지, 한계에 부딪힌 리더와 개인 기여자는 어떻게 새로운 패러다임으로 도약할 수 있는지, 두려움 없는 리더는 어떻게 위기를 극복하고 승리하는지, 우리는 어떻게 지속적인 성장을 목표로 삶과 리더십의 방향을 수립할 수 있는지를 살펴볼 것이다.

두려움 없는 리더로서 시작하고, 도약하고, 극복하고, 성장할 만반의 준비를 하려면, 잠시 일시 정지 버튼을 누르고 자신이 개발한 기술, 이미 달성한 목표, 이미 눈앞에 놓인 리더십의 기회를 파악하는 시간을 가져야 한다. 잠시 멈춰 돌아보는 것은 비전을 달성하는 데 필요한 리더십의 기술과 자질을 파악하는 데도 도움이 된다.

아랫사람의 능력과
장점, 성장 정도 파악하기

리더로서 어떻게 성장하고
발전해왔는가

사람들은 승진하면 가장 먼저 나에게 "덕분에 승진했습니다. 감사합니다"라고 말한다.

그러면 나는 이렇게 대답한다. "당신이 승진한 건 제 덕분이 아닙니다. 스스로 해낸 겁니다. 제가 한 일은 당신의 성과가 관리자 수준에 이르렀다는 것을 냉정하게 평가하고 인정한 것뿐입니다." 과장급이나 부사장급 등 어떤 직급으로 승진했든 상관없다. 이들은 자기 능력과 더 큰 책임을 맡을 준비가 되어 있음을 보여준 결과 제 힘으로 승진한 것이다.

리더로서의 내 역할은 직원들 스스로는 깨닫지 못하는 그들 자체의 모습을 발견하는 것이다. 리더의 역할은 자신이 이끄는 사람들의 능력과 장점, 그리고 성장 정도를 파악하는 것이다.

멘토와 코치는 스스로 보지 못하는 성장 정도를 발견하는 데 결정적 역할을 할 수 있다. 이들은 외부에서 바라보기 때문에 보다 객관적인 시각을 갖는다. 부끄러워하지 말고 멘토나 코치에게 "지난 6개월, 1년, 혹은 5년 동안 제가 어떤 분야에서 가장 많이 발전한 것 같나요?"라고 물어보자. "리더로서 어떻게 발전하고 성장할 수 있을까?"라는 질문 못지않게 "리더로서 어떻게 발전하고 성장해왔는가?"라는 질문도 매우 중요하다.

어쩌면 아직 자신을 리더라고 생각하지 않거나 다음 단계의 리더십을 발휘할 준비가 되어 있지 않다고 생각할 수도 있다. 하지만 시간을 갖고 한두 해 전과 현재의 모습을 비교해본다면 개인적 성장과 그 성장이 전문 기술, 자질, 기회에 미친 영향을 확인할 수 있을 것이다.

1년 전에는 능력이 부족해 할 수 없던 일을 개인적 직업적 성장을 통해 지금은 달성할 수 있게 되었다는 사실을 깨달을지도 모른다. 또한 자신이 어떻게 리더십을 발휘하고 있는지 항상 주의 깊게 살펴봐야 한다. 사람들을 이끌기 위해 어떤 기술을 사용하고 있는지, 더 나은 리더가 되기 위해 이 기술을 어떻게 활용할 수 있는지 파악해야 한다.

팀원들의 꿈을 이뤄줄
기회를 찾아라

아만다 로저스^{Amanda Rogers}만큼 리더로서 자신의 발전에 대해 자각하고 노력을 기울이는 사람은 없을 것이다. 나는 고등학교 스포츠 어워드 만찬에서 그녀를 알게 되었다. 짧은 대화를 나눈 후 며칠이 지나 그녀에게서 이메일을 받았다. 그녀는 나의 링크드인^{LinkedIn} 프로필을 보고 내가 하는 일에 감명을 받아 나에게 더 많은 것을 배우고 싶다고 말했다. 나는 그녀를 사무실로 초대했다.

딜로이트 LLP 샌프란시스코 대표인 커스틴 로즈처럼 겨우 스물세 살이었던 아만다에게서도 긍정적인 에너지, 겸손, 자신감, 배우려는 의지와 같은 타고난 리더의 면모가 보였다. 당시에는 그녀를 채용할 마땅한 자리가 없었기에 주당 10시간의 계약직을 제안했다. 그녀는 이를 수락하며 협력 의지와 새로운 것에 도전하려는 열정을 보여주었다.

10년이 지난 지금, 아만다는 20억 달러 규모를 자랑하는 회사에서 부사장으로 일하고 있다. 새로운 방향으로 끊임없이 확장하려는 의지와 더불어 아만다가 가진 특별한 점은 자신의 강점과 능력을 파악하고 이를 주변 사람들의 발전을 위해 가장 잘 활용할 수 있는 방법을 안다는 것이다.

리더가 되기 위한 조기 교육에 대해 질문하신다면, 저는 어려서부터 다양한 상황에 부닥쳤을 때 어떻게든 주도적으로 행동하려고 노력했다고 답하겠습니다. 이는 아마도 스포츠 활동을 통해 솔선수범하는 법을 배웠기 때문일 수도 있습니다. 저는 이 원칙을 학교, 제가 속했던 조직, 그리고 최종적으로는 직장에 빠르게 적용했습니다. 리더십을 발휘하는 것이 즐겁기 때문이기도 했지만, 무엇보다도 리더십을 통해 팀원을 비롯한 많은 사람이 크든 작든 비전을 세우고 그 비전을 달성하는 데 도움을 줄 수 있다는 것을 알았기 때문입니다. 저는 대학에서 그 사실을 깨닫기 시작했고 지금은 비전을 세우고, 이에 대해 소통하고, 이를 달성하도록 사람들을 돕는 것이 제 리더십의 토대가 되었음을 분명히 알고 있습니다.

아만다는 학부 시절 6명이 팀을 이뤄 프로젝트를 진행했던 때를 회상했다. 프로젝트를 마칠 때 팀원들은 서면으로 서로에게 피드백을 주었다. 그 팀에는 중국에서 온 학생이 있었는데, 영어 때문에 어려움을 겪고 있었다. 그녀가 아만다에게 준 피드백은 아만다가 항상 자신을 환영하고 팀의 일원으로 느끼게 해주었으며, 자기 말을 경청해주어 진심으로 고맙다는 것이었다.

프로젝트를 진행하는 동안에는 미처 생각하지 못했지만, 그 피드백을 통해 팀에서의 제 역할을 돌아보았습니다. 그러자 제가 그녀를 편하게 해주기 위해 큰 노력을 기울였다는 것을 깨닫게 되었습니다. 그때 처음으로 제게 감성 지능이 있다는 것을 알았습니다. 당시에도 이것을 능력으로 인정하기는 했지만 EQ라고 부르지는 않았던 것 같습니다. 15년이 더 지난 지금 저는 이 능력을 주변 사람들에게 긍정적인 영향력을 미치기 위해 의식적으로 활용하고 있습니다.

그 피드백은 아만다가 리더십 여정을 시작한 계기가 되었다. 그리고 그 여정의 시작은 다른 사람들, 특히 아직 무언가를 스스로 해낼 자신이 없는 사람들에게 좋은 영향을 주고 싶다는 아만다의 열망에서 비롯되었다. 열망을 실현할 한 가지 방법은 팀원들의 꿈을 이뤄줄 기회를 찾는 일이었다.

저는 팀원 개개인의 꿈과 비전이 무엇인지 진심으로 경청하고 이해하려고 노력합니다. 이를 머릿속에 저장해두고 적당한 기회를 찾아내려고 애씁니다. 얼마 전에는 매니저가 되는 데 관심을 보인 팀원이 있었습니다. 저에게 직접 보고할 수 있는 새로운 역할이 생겼을 때 저는 그녀가 떠올랐고, 그녀도 자신감을 보였습니다. 결론적으로 그 결정은 모두에게 도움이 되었습니다. 저는 그녀가 목표를 이루는 데 도움이 될 수 있어 기뻤습니다.

물론 이러한 수준의 경청과 이해는 그룹 단위에서도 가능하다. 아만다는 이 기술을 발전시켜 그룹의 에너지를 감지하고, 개개인의 참여도를 파악하고, 사람들을 이끌고 소통하는 방식을 조정해 모든 구성원의 참여를 유도하는 데 사용한다. 여기에는 개개인의 서로 다른 이해 수준에 대한 인식도 포함된다.

저는 우리가 다루고 있는 내용을 깊이 이해하고 다음 단계로 나아갈 준비가 되어 있는 사람이 누구인지 압니다. 아직 준비가 덜된 사람이 있을 수 있다는 것도 압니다. 저는 준비가 된 사람을 조력자로서 대화에 참여시키려고 노력합니다. 가령 이렇게 말하는 겁니다. "조, 당신은 전에도 이런 일을 해보셨으니 어떤 일이 있었고 문제를 어떻게 해결했는지 공유해주실 수 있나요?" 아주 간단합니다. 다른 리더들도 쓰는 방법이지만 이를 위해서는 개개인이 어느 수준에 있는지 제대로 파악하는 능력이 필요합니다.

아만다는 EQ에 관한 자신의 장점을 파악하고 있었고, 타인에게 영향을 미치는 자신의 능력을 알아챘으며, 필요할 때면 주저없이 멘토에게 도움을 구할 줄도 알았다. 그 덕분에 커리어를 성공적으로 시작할 수 있었을 뿐만 아니라 큰 도약을 이룰 수 있었다.

리더십에는
책임감과 인식이 필요하다

나의 능력과 성장, 내가 이끄는 사람들의 능력과 성장을 인지하는 것은 중요한 일이다. 또한 리더라는 역할에 따르는 책임과 그 역할에 내재된 힘을 인지하는 것도 중요하다.

리더십은 CEO만 발휘할 수 있는 것이 아니다. 의도한다고 해서 발휘할 수 있는 것도 아니다. 단 한 사람이라도 누군가 여러분의 영향을 받고 있다면, 여러분은 리더가 된 것이다. 부모는 자녀를 이끌고 형은 동생을 이끌며 교사는 원치 않더라도 학생을 이끌고 때로는 학생의 부모를 이끌기도 한다. 영업팀이든 볼링팀이든 헌신적인 팀원은 팀 전체가 발전할 수 있도록 영향을 미친다.

하지만 영향을 준다는 것이 항상 긍정적인 것은 아니다. 감사나 격려를 모르는 리더는 핵심을 흐리고 잠재력을 충분히 발휘하지 못하게 할 수 있다. 리더십에는 직함이나 의도가 필요하지 않다. 다만 책임감과 인식이 필요할 뿐이다.

나는 두 번째로 CEO 자리에 앉았을 때 이 사실을 힘들게 깨달았다. 나는 종종 회사 안을 돌아다니며 직원들과 두루두루 이야기를 나눴다. 그러던 중 한 마케팅 직원과 콘퍼런스에 대해 이야기를 나누게 되었다.

내가 그에게 외부에서 열리는 콘퍼런스에 더 많이 참석하는 것이 좋을지 물었다. 그것을 업무 지시라고는 생각하지 않았다. 그저 '어떻게 생각하는지'를 묻는 단순한 대화라고 생각했다. 마케팅 부서가 미국 전역의 모든 콘퍼런스에 대해 조사하느라 이틀간 업무를 중단했다는 소식을 듣기 전까지는 말이다. 사무실 문을 닫으며 '그것 참 기분은 좋지만 내가 사람을 대하는 방식을 바꿀 필요가 있겠어'라고 생각했던 것이 생생하게 기억난다. 내가 이끌려고 하지 않을 때도 직원들은 나를 따르려고 했다. 리더십이란 정말 강력한 힘이 아닐 수 없다.

비전과 목표를 향해
커리어 시작하기

장기전을 위해 한발 물러서라

커리어를 시작하는 것에 대해 이야기하려면 자신의 가치관과 비전과 목표가 무엇인지 다시 돌아보아야 한다. 3장과 4장을 정독하면 앞으로의 내용을 이해하는 데 큰 도움이 될 것이다. 리더십의 자질을 확실히 이해하지 못한다면 오븐에 '아무거나' 넣어 굽겠다고 결심하는 것과 같다. 무엇을 굽고 싶은지 모르면 그릇에 여러 가지 재료를 잔뜩 넣고 섞은 다음 오븐에 넣고 좋은 결과가 나오기를 바라게 된다.

커리어를 시작하거나 인생의 중대한 변화를 맞이할 때 무작정 잘되기를 바라는 것만으로는 성공할 수 없다. 원하는 것이 무엇인지, 도달하고 싶은 곳이 어디인지 인식하고 그곳에 도달하기 위한 단계를 파악하며 그것을 실행에 옮기는 것이 중요하다.

나는 사람들에게 목표를 세우고 나면 과감하게 목표를 추가할 것을 권장한다. 예를 들어 관리자나 임원이 되는 것이 목표라면, 어떤 직급을 목표로 하든 그 목표에 무언가를 더 추가하는 것이다. 가령 '나는 임원이 되고 싶다. 그리고 두 가지 이상의 분야에서 일하는 방법을 배우고 싶다'거나 '나는 우리 업계에서 부사장이 되고 싶다. 그리고 미국이나 유럽에서 그 일을 하고 싶다'라는 문장을 만들 수 있다.

과감한 도전은 두렵지만, 그것이 바로 다음 단계가 되어야 한다는 뜻은 아니다. 어쩌면 그 도전에 성공하는 데에는 5년 혹은 10년이 걸릴 수도 있지만, 그것은 여러분을 계속해서 뻗어나가게 하는 원동력이 된다. 확장의 가능성을 포함하지 않고 안전한 플레이를 선택하면 두려움 없는 리더가 될 수 없다.

때로는 과감한 도전이 후퇴하는 것처럼 느껴질 수도 있지만, 비전 달성이라는 장기적인 관점에서 본다면 큰 그림에 따라 다음 단계를 평가해야 한다. 이에 관해서는 HP 엔터프라이즈에서 일했던 한 영업사원을 예로 들 수 있다.

마이크Mike는 스물여덟 살 무렵 처음으로 나에게 멘토가 되어 달라고 요청했다. 당시 그는 성공적인 영업사원으로 많은 돈을 벌고 있었지만, 지도부로 성장하고 싶어했다. 그는 나와 같은 커리어를 쌓고 싶다고 말했다. 마이크에게는 확실한 발전 방향이 있었다. 관리자와 영업 부사장을 거쳐 최종적으로는 CEO가 되기를 원했다. 나는 그에게 대단하다고 말하며 처음으로 영업 관리자 기회가 주어지면 어떻게 할 것인지 물었다. 그는 그 자리를 맡겠다고 말했다. 나는 그에게 현실을 받아들일 것을 주문했다.

"영업 관리자 자리로 갔는데 현재보다 월급이 20% 줄어든다면 어떻게 하겠어요?" 내가 물었다.

"왜 더 적은 월급을 받게 되죠?" 마이크는 당황한 표정이었다. "그 정도가 신임 영업 관리자가 받는 월급이니까요." "그렇지만 제가 이전보다 낮은 대우를 받아야 할 이유가 있나요?" 그가 물었다. "당신의 목표와 비전이 당신을 다른 길로 이끌고 있으니까요." 마이크는 이 개념에 대해 정말 깊이 고민했고, 우리는 몇 번 더 만나 이에 대한 이야기를 나누었다.

나는 영업 관리자는 최고 실적의 영업사원보다 수입이 적다는 사실을 알려주었고 그는 "그건 잘못됐어요"라고 말할 뿐이었다. 나는 그것이 세상이 돌아가는 방식이며, 그가 관리하는 영업사원이 더 많은 실적을 올리면 그 또한 더 많은 돈을 벌겠지만 그의 수입이 결코 최고 영업사원만큼은 될 수 없다고 말했다.

"사람들이 그렇게 하는 이유가 뭐죠?" 그가 물었다.

그때가 인생의 큰 그림을 그려야 할 때이며, 영업 관리자가 되면 그의 목표 중 하나인 영업 부사장으로 승진할 가능성이 커진다고 설명했다. 영업 부사장이 되면 그는 다시 20% 더 많은 연봉을 받게 되고, 추가로 자본금에 대한 스톡옵션을 받게 될 것이다. 추가 사항이 급여소득을 창출하지는 않겠지만 그에게 자산소득을 가져다줄 것이라고 장담했다. 만약 그의 목표가 향후 20년간 급여를 극대화하는 것이라면 영업사원으로 남는 것을 권하지만, 장기적인 관점에서 CEO가 되어 평생 부를 극대화하고 싶다면 한발 물러설 필요가 있다. 나는 마이크에게 마지막으로 "당신의 장기 목표는 무엇인가요?"라고 물었다.

"저는 회사를 운영하고 싶습니다."

"그럼 이미 결정이 난 것 같군요." 결국 그는 장기전을 계속하기로 결정했고, 더 큰 도약을 위해 수년간 더 적은 수입을 기꺼이 감수한 덕분에 엄청난 성공을 거둘 수 있었다.

정상까지 오르는 법과
중턱까지 오르는 법은 다르다

대형 컨설팅 회사의 매니징 파트너가 되기 직전까지 갔던 경험 많은 임원 에이미Amy의 이야기를 들어보자. 그녀는 은퇴를 앞둔 매니징 파트너와 스타일이 전혀 달랐다. 선임 매니징 파트너는 겸손한 성장 마인드로 회사를 이끌었지만, 에이미는 '점령하려는' 타입이었다. 총 여섯 명의 파트너가 있었고 나는 모든 파트너의 성공적인 업무 전환을 돕기 위해 영입되었다. 파트너를 소개하는 킥오프 미팅이 끝난 후, 에이미는 나에게 다가와서 "당신이 와서 기쁩니다. 사람들이 당신을 적극 추천하더군요. 킥오프 강연도 정말 훌륭했어요. 팀원들과 잘해나가시길 빌게요. 전 빠지는 게 좋을 것 같아요"라고 말했다.

나는 미소를 지으며 말했다. "에이미, 당신 말이 100% 옳아요. 당신이 단지 여섯 명의 파트너 중 한 명이 되고 싶은 거라면 제가 필요 없겠죠. 하지만 매니징 파트너가 되고 싶다면 어느 누구보다 제가 필요할 겁니다."

"뭐라고요?" 에이미가 물었다.

"들은 그대로예요. 지금 약간 짜증 나신 것 같네요." 내가 말했다.

"네, 그렇다고 할 수 있어요."

"음, 매니징 파트너는 이런 사소한 의견 때문에 짜증을 내지는 않을 거예요. 에이미, 당신은 정말 뛰어난 파트너이고 이 방에 있는 사람 모두가 당신이 매니징 파트너가 되기를 바라고 있을 거예요. 물론 그들도 매니징 파트너가 되고 싶겠지만, 당신이 되는 게 맞는다는 걸 모두 알고 있어요. 정말로요. 하지만 리더로서 당신의 모습 중 일부를 바꾸지 않는다면 파트너들을 관리하기는 불가능할 거예요. 당신을 따르고 싶어하지 않을 테니까요."

그녀의 반응은 "흠……"이었다.

에이미는 매우 똑똑하고 회사가 나아갈 방향에 대해 놀라운 비전을 제시할 수 있는 직원이었다. 하지만 그녀의 속도를 따라오지 못하는 파트너에게 "대체 뭐가 문제야?"라고 말하며 무시하는 태도를 보였다.

내 역할은 그녀가 자신의 리더십을 수정할 필요가 있다는 것을 인식하고 이를 위해 어떻게 해야 하는지 깨닫도록 도와주는 것이었다. 에이미가 시속 100마일로 달리고 있는데 다른 파트너가 시속 60마일로 달리고 있다면, 에이미는 그들과 어깨를 나란히 하고 시속 70마일, 80마일로 달리는 방법을 가르쳐서 그들이 낼 수 있는 최고 속도에 도달하도록 도와야 했다.

에이미는 결국 속도를 늦추고 인내심 있는 리더가 되는 놀라운 일을 해냈다. 에이미는 이따금 자신이 처한 상황에 대해 말하며 "이 사람을 어떻게 해야 할까요?"라고 물었다. 그럴 때마다 나는 그게 그 사람의 방식이고 바뀌지 않을 테니 아무것도 하지 말라고 조언했다.

> 더 빨리 가려면 속도를 줄여라.

"하지만 짜증이 나요." 예상할 수 있는 답변이었다.

나는 "그럴 수 있죠"라고 대답하고는 "그들은 얼마나 잘하고 있나요?"라고 물었다.

"엄밀히 따지면 아주 잘하고 있어요." 그녀가 답했다.

나는 그녀가 누군가를 '고치기' 위해 존재하는 것이 아니라 모든 직원이 회사가 지향하는 공동의 목표와 비전을 향해 나아갈 수 있도록 독려하기 위해 존재하는 것임을 상기시켰다. 사실 에이미가 파트너가 될 때까지 효과적으로 사용했던 방법은 매니징 파트너의 역할에 어울리지 않았다. 필요한 변화를 받아들임으로써 에이미는 매니징 파트너로서의 커리어를 성공적으로 시작할 수 있었다.

때로는 산의 중턱까지 오를 수 있게 해준 방법이 산 정상에 오르는 데는 도움이 되지 않을 수도 있다. 커리어를 쌓는 동안 우리는 자주 우리가 걸어온 길을 재평가하고, 적응하고, 다음 시작을 준비한다. 에이미는 변화를 받아들임으로써 매년 업계 성장률을 앞지르고 계획을 초과 달성하는 진정한 성공 사례를 만들었다. 그뿐만 아니라 느림의 미학으로 누구보다 더 빠르게 나아가고 있다.

익숙한 것에서 벗어나 도약하기

때로는 힘껏 도약해야 할 때가 있다

아인슈타인은 '같은 일을 반복하면서 다른 결과가 나오기를 기대하는 것'을 정신나간 짓이라고 정의했다. 우리는 그것을 이해하면서도 어쩔 수 없이 너무 자주 그러한 사이클에 갇히곤 한다. 만족스럽지 못한 일을 매일 똑같이 반복하면서 무언가 바뀌고 더 나아지기를 바란다. 해마다 계속 열심히 일만 하면서 언젠가는 인정받고 더 나은 기회가 주어지기를 바란다. 이것은 실패한 접근방식을 끝까지 고수하면서 언젠가는 다른 결과가 나오기를 기대하는 CEO와 같다.

리더십 여정의 다양한 지점에서 발생하는 교착 상태에 대해 면역을 갖고 있는 사람은 아무도 없다. 우리는 이미 알고 있는 것, 익숙한 것에 머물며 외부의 힘이 우리를 위해 변화를 일으키기만을 기다린다. 하지만 그런 식으로는 큰 효과를 기대하기 힘들다. 때로는 힘껏 도약해야 할 때가 있다.

자신의 회사를 '꿈의 구장'과 같은 업무 환경으로 탈바꿈시킨 존 제라시를 다시 한번 소개하려 한다. 그는 성공에 이르기까지 자신을 인식하고 시작하고 도약하여 난관에서 벗어나는 과정을 겪었다.

VCC에서 일한 지 12년째 되던 해에 저는 그곳에서는 결코 파트너가 될 수 없으리라는 걸 깨달았습니다. 파트너가 될 수 없는 이유도 잘 알고 있었습니다. 후배들과의 관계를 발전시키는 데는 뛰어났지만, 고위 경영진과 의미 있는 관계를 구축하는 데는 실패했기 때문입니다. 어째서인지 회사에서 그리고 잠재적으로는 업계에서 저의 지속적인 성공을 도와줄 수 있는 리더들과 관계를 맺지 못하고 있었습니다. 저는 막막했습니다. 하지만 파트너라는 제 목표를 이루려면 앞으로 나아가야 한다는 것을 알고 있었습니다.

존은 자신이 목표하는 커리어를 시작하려면 새로운 회사를 찾아야 한다는 것을 알고 있었다. 2009년 그는 직원 375명이 근무하던 회사에서 20명 규모의 회사로 이직하기로 결정했다.

이직을 결정하게 된 이유는 그 회사가 우수한 고객과 오랜 관계를 맺어왔지만, 일반적으로 업계와 서비스 조직에 요구되는 리더십이 부족하다는 판단이 들어서였습니다. 구체적으로는 회사를 변화시킬 리더십이 부족해 보였습니다. 갑작스레 저는 새로운 관계를 탐색하고 구축하는 것이 중요한 새로운 조직에 들어가게 되었습니다. 이는 저의 역량에 포함되는 일은 아니었습니다.

저는 외부 관계를 구축하는 일을 제대로 해본 적이 없었습니다. 첫째, 이전 회사가 너무 빨리 성장하여 새로운 고객을 유치하려고 노력할 필요가 없었기 때문이고 둘째, 제가 사교활동에 익숙하지 않았기 때문입니다. 저는 제가 긴밀한 관계를 쌓는 것을 잘하는 편이라고 생각해왔습니다. 한 사람과 깊은 관계를 구축하는 것이 더 저에게 맞았고, 아직 관계를 맺지 않은 여러 사람과 동시에 대화를 나누는 일은 확실히 제 컴포트존을 벗어난 일이었습니다.

열린 마음과
적극적인 의지로 무장하라

존은 어떻게 자신의 컴포트존에서 벗어나 비전을 달성하기 위해 도약할 수 있었을까? 대답은 〈예스맨Yes Man〉에 있다.

2011년에 짐 캐리가 출연한 영화 〈예스맨〉을 보았습니다. 이 영화에서 짐 캐리가 직장동료, 가족, 친구 등 모든 사람과 모든 것에 항상 노no라고 이야기하는 것이 정말 인상적이었습니다. 그게 바로 제 모습이었기 때문에 정곡을 찔린 기분이었습니다. 저는 새로운 이웃과 함께 저녁식사를 하러 가자는 간단한 제안조차 거절할 때가 많았습니다. 아내가 그 제안을 했을 때 저는 "이미 친구가 있는데 왜 친구를 더 사귀어야 하지? 왜 모르는 사람들과 저녁을 먹어야 하지?"라고 물었습니다.

영화에서 짐 캐리는 누가 무엇을 요구하든 무조건 '예스'라고 라고 답하겠다고 맹세합니다. 저도 그렇게 하기로 결심했습니다. 당시 제가 알고 지내던 변호사가 구매팀을 운영하는 어떤 사람이 흑백논리가 없는 회계사를 원하고 있으니 한번 만나보라고 권했습니다. 거절하고 싶은 충동을 느꼈지만, 예스맨이 되기로 다짐했기 때문에 만나겠다고 말했습니다. 저는 '오래 걸리지 않을 거야. 금방 끝낼 수 있을 거야. 제발'이라고 생각하며 레스토랑에 들어섰습니다.

우리 셋은 저녁을 먹었고, 제 바람을 비웃기라도 하듯 변호사와 잠재 고객은 밤늦게까지 이야기를 나누었습니다. 바에 나란히 앉아 스탠리컵(미국·캐나다의 내셔널 하키 리그—옮긴이) 결승 7차전을 시청하고 있는데 '내가 왜 예스라고 했을까?' 하는 생각이 몰려왔습니다.

둘의 대화가 끝나자 변호사는 "저는 집에 가야겠어요. 아들과 같이 7차전을 보기로 했거든요"라고 말했습니다. 잠재 고객 톰은 저에게 같이 한 잔을 더 마시자고 했습니다.

"잘 자요"라고 인사한 뒤 그와 헤어지고 싶은 생각이 굴뚝같았지만, 모든 일에 예스를 외치기로 결심한 나는 "그거 좋네요"라고 말해버렸습니다.

〈예스맨〉을 본 것과 톰의 제안에 흔쾌히 응한 것은 저의 비즈니스 인생에 가장 큰 영향을 끼친 두 사건이었습니다.

톰은 저에게 수많은 인맥으로 이어지는 길을 열어주었습니다. 예스맨이 되기로 결심하자 저는 하룻밤 사이에 소위 말하는 '인싸'(다양한 사람과 활발히 소통하고 사람들에게 인기가 많은 사람을 이르는 신조어. 인사이더의 줄임말—옮긴이)가 되었습니다. 톰이 가져다준 기회를 활용하면서 불편한 상황을 헤쳐나갈 수 있는 자신감도 얻었습니다. 이전 회사에서도 몇 명의 코치와 함께 이런 일에 익숙해지려고 노력했지만, 어떤 것도 효과를 보지 못했습니다. 저는 〈예스맨〉을 통해 모든 것은 마음가짐에 달렸다는 것을 깨닫게 되었습니다. 열린 마음과 적극적인 참여 의지가 있다면 여러분 눈앞에 놓인 기회를 모두 발견할 수 있을 것입니다.

존은 리더십 도약을 통해 LGA의 파트너가 되었을 뿐만 아니라 매니징 파트너 자리까지 올라갔다. 그의 리더십 덕분에 2013년 《보스턴 비즈니스 저널》이 선정한 회계법인 규모 순위 45위였던 LGA는 2021년 24위로 상승했다.

공에서 눈을 떼지 마라

때로는 도약할 준비가 되어 있지만 기회가 오지 않을 수도 있다. 그 순간이 오기는 할지, 온다면 언제가 될지 알기 어렵다면 그 순간이 올 때를 대비해 할 수 있는 모든 일을 계속하는 것도 방법이다. 꼼짝 못 하는 상황에 잠시 머물러 있을지 아니면 새로운 가능성을 향해 나아갈지는 개인의 결정이다.

미식축구 선수인 맷 카셀Matt Cassel은 몇 시즌 동안 쿼터백 벤치에 앉아 있기로 결심했다. 백업 쿼터백이 되기로 한 것이다. 그리고 마침내 그의 인내심과 집중력은 결실을 보았다.

고등학교 때 카셀은 미식축구를 하기 위해 진학할 대학을 선택할 수 있었다. 그는 USC^{University of Southern California}를 선택했는데, 그의 말에 따르면 "USC는 집 근처에 있었고 그곳에 진학하면

일찍부터 선수로 뛸 수 있을 줄 알았다"고 한다.

하지만 모든 일이 그의 계획대로 흘러가지는 않았다. USC의 코치는 그에게 전화를 걸어 주전 쿼터백은 맷 레이너트Matt Leinart 이지만 무슨 일이 생기면 카셀이 들어갈 거라고 장담했다. 하지만 카셀을 위한 일은 전혀 일어나지 않았다. 심지어 레이너트는 하이즈먼 상Heisman Trophy(매년 대학 풋볼 최우수 선수에게 주는 상-옮긴이)을 수상했다. 카셀은 벤치에 머물러야 했다.

벤치로 밀려난 상황에서 어떻게 의욕을 잃지 않을 수 있었냐는 질문에 카셀은 어느 정도의 자기 동기부여가 필요했다고 말한다. "고개를 숙이고 좌절감에 굴복하기 시작하면 높은 수준으로 경쟁할 수 있는 능력을 잃게 되기" 때문에 역경을 극복할 자신만의 방법을 찾아야 했다. 카셀에게는 그것이 최고의 쿼터백이 되기 위해 더욱 열심히 노력하고 팀에 기여할 수 있는 다른 기회를 찾는 일을 의미했다. 타이트 엔드(미식축구에서 공격팀의 포지션 중 하나-옮긴이)로 플레이하는 것, 리시버 자리에서 공을 잡는 것, 로즈볼(미국 최고 전통의 대학 미식축구 대회-옮긴이)에서 스페셜 팀으로 플레이하는 것 등이 그가 기여할 수 있는 기회에 포함되었다.

3학년이 되었을 때는 본인의 미식축구 커리어가 상상했던 모습이 아니라는 사실에 좌절과 실망감을 느꼈다고 고백했다. 그래서 그는 그해 봄에 미식축구를 쉬고 USC 야구팀에서 활동했다. 4학년이 되자 야구를 계속할지, 아니면 NFL^{미국 프로 미식축구} 진출을 위해 드래프트 데이(신인 선수 선발대회—옮긴이)에 참가할지 결정해야 했다.

"드래프트 데이에 참가하는 것은 제 오랜 꿈이자 비전이었습니다. 신체적으로 저는 부족함이 없었습니다. 다만 경기 경험이 부족할 뿐이었습니다." 그의 코치는 "카셀, 다른 직업을 생각해보는 게 좋겠어"라고 말하며 참가를 만류했다.

카셀은 코치의 조언을 받아들이는 대신 노력에 더욱 박차를 가하기로 결심했습니다. "나가서 죽어라 훈련했습니다. 그게 제가 할 수 있는 일이었죠. 저는 준비되어 있었습니다. 다른 일을 할 수도 있다는 건 알고 있었지만, 시도해보지 않으면 평생 후회할 것만 같았습니다. 그리고 감사하게도 원하던 결과를 얻었습니다."

무명 선수였으나 훌륭한 스로우를 선보인 카셀은 스카우터들의 주목을 받았다. 그는 패트리어츠에 지명되었지만 다시 벤치 신세가 되었다. 그는 다름 아닌 역대 최고 선수로 꼽히는 쿼터백 톰 브래디^{Tom Brady}의 백업이었던 것이다. 하지만 카셀은 좌절하지 않았다. 이를 패배로 여기지 않고 최고의 쿼터백에게 배울 수 있는 기회를 잡았다고 생각했다.

3년 동안 그는 보고, 듣고, 배웠다. 질문하고, 메모하고, 피나는 연습을 했다. 익숙한 것이 편하고 도약하기가 두려워서 제자리에 머물러 있는 것과, 정체되어 있더라도 꿈꾸던 기회가 올 것에 대비해 끊임없이 기술을 연마하는 것의 차이는 바로 여기에 있다.

카셀이 패트리어츠에서 네 번째 시즌을 맞이했을 때, 첫 경기 1쿼터에 브래디가 부상을 입고 경기장을 떠났다. 브래디가 빠진 자리에는 카셀이 투입되었으며 그는 만반의 준비가 되어 있었다. 패트리어츠는 경기에 승리했고 시즌 성적은 11승 5패를 기록했다. 5년이 넘는 기간 동안 벤치에 있었던 카셀은 경기에 집중했다. 자신이 주전 쿼터백의 자리에 오를 수 있을지 확신할 수 없었지만 주전 쿼터백 수준에 도달하기 위해 노력했다. 그리고 그 모든 노력은 마침내 결실을 맺었다. 기회가 왔을 때 도약할 준비가 되어 있었던 카셀은 꿈을 이뤘다. 그의 비전은 현실이 되었다.

다음 시즌, 브래디가 돌아왔지만 카셀은 벤치로 물러나지 않았다. 2009년 그는 캔자스시티 치프스Kansas City Chiefs의 주전 쿼터백으로 트레이드되었다. 캔자스시티는 리빌딩(전력 보강을 위해 기존 선수를 방출하거나 새 선수를 기용하는 일-옮긴이) 중이었고, 그는 자신이 리더로서 해야 할 일이 많다는 것을 알고 있었다. 치프스에서의 첫 시즌에 카셀은 15경기에 선발 출전해 2,924패싱야드와 터치다운 16개를 기록했다. 2010년에는 더 발전하여 3,116패싱야드와 27개의 터치다운을 기록했으며, 치프스는 10승 6패로 AFC 서부 지구 우승을 차지했다.

맷 카셀은 선택의 기로에 있었다. 하이즈먼 상 수상자와 NFL MVP의 백업이라는 사실에 좌절하여 쭈그려져 있을지, 아니면 언젠가 기회가 올 것임을 믿고 최고의 선수가 되기 위해 집중할지. 맷 카셀이 올바른 선택을 했고 어린 소년들이 꿈꾸는 성공적인 NFL 커리어를 이루었다는 데 모두 동의할 것이다.

역경을 기회로 삼아
고난 극복하기

정체기를 심신 회복의 시간으로

리더십 여정에서 정체기가 피할 수 없이 반복되는 과정인 것처럼, 도전 또한 마찬가지다. 때로는 리더로서 다른 사람들이 고난을 극복하고 성공으로 나아갈 수 있게 도울 것이 요구되기도 하고, 때로는 리더 자신이 마주한 노선을 극복하기 위해 영감과 힘을 직접 찾아나서야 할 때도 있다. 맷 카셀은 자신만의 힘과 긍정적인 사고방식으로 꿈을 향해 나아가는 과정에서 마주한 도전을 극복했다. 이는 카셀에게만 가능한 일이 아니다.

아만다 로저스는 새로운 리더십의 경지로 도약하기 전에 개인적으로 극복해야 할 중대한 과제를 안고 있었다. 대학 4학년 때 라크로스 연습을 하던 중 심각한 뇌진탕을 겪어 선수생활이 끝났을 뿐만 아니라 고향으로 돌아가 사실상 인생 전체를 잠시 중단해야 하는 상황에 놓였기 때문이다.

한동안 기억력이 쇠퇴해 아무것도 읽을 수 없었고 영상도 볼 수 없었습니다. 첫 8~9개월 동안은 신세 한탄만 하며 지냈죠. 몸이 조금씩 회복되기 시작하자 반스앤노블 서점에 앉아 오디오북을 들으며 사람들을 구경했습니다. 하루는 서점을 둘러보다가 《지금 이 순간을 살아라The Power of Now》라는 책에 끌렸습니다. 나중에는 오디오북도 구해서 들었죠.

이 책의 대전제는 단순히 말해 실재하는 것은 지금 이 순간뿐이라는 것입니다. 우리가 미래나 과거에 투영하는 것은 말 그대로 투영일 뿐입니다. 그것은 제 인생을 바꾸는 개념이었습니다. 저는 지금 제가 있는 곳이 아닌 다른 곳에 있고 싶다고 생각하고 있었습니다. 제가 원하는 것은 완전히 회복되어 경기장으로 돌아가 라크로스를 하는 것이었지만, 그런 일은 조만간 또는 어쩌면 영원히 일어날 것 같지 않았습니다.

저는 제가 회복하기 위해서는 현재의 순간에 집중하고 지금 있는 곳에서 괜찮아져야 한다는 것을 깨달았습니다. 그 생각을 시작한 때부터 저의 세상은 활짝 열렸습니다. 이제 저는 뇌진탕을 겪은 것이 대학에서 배우는 지식 그 너머의 것을 배울 수 있는 특별한 기회였다고 생각합니다.

아만다는 이 시기를 현재에 충실하여 명상과 마음챙김, 그리고 다른 방식으로 두뇌를 회복하는 방법을 배우는 시간으로 삼았다. 그녀는 리더가 되기 위한 자신만의 도구를 만드는 길에 나섰다. 새로운 마음가짐을 받아들이고 얼마 지나지 않아, 아만다의 인생에 필요한 사람들이 나타나기 시작했다. 거의 다 회복했을 무렵, 선수가 아닌 고교팀 코치이자 뉴햄프셔의 여자 라크로스 프로그램 설립자로 일할 기회가 열렸다. 다시 라크로스의 세계로 돌아갈 수 있게 된 것이다.

5년 동안 프로그램에 참여하면서 학생 선수가 어떤 경험을 할 수 있는지에 대한 비전을 설계할 기회를 얻었습니다. 저는 사람들이 정말 즐거운 마음으로 팀의 일원이 되어 평생 가슴에 남을 추억을 쌓는 따뜻한 커뮤니티를 만들고 싶었습니다. 또한 어린 소녀들이 원한다면 대학에서 라크로스를 할 수 있는 기회를 열어주는 프로그램을 만들고 싶었습니다.

현재 400명 이상의 여학생이 이 프로그램에 참여하고 있으며,

이들 중 상당수가 조지타운, 스탠퍼드, 버지니아 대학교 등을 비롯한 다양한 대학에 진학했다.

아만다는 뇌진탕이라는 도전을 극복했을 뿐 아니라 이를 계기로 새로운 방식으로 성장할 수 있도록 스스로 동기를 부여했다. 두려움 없는 리더십은 도전을 극복하여 원래의 자리로 돌아가는 것이 아니라, 그 도전을 넘어 성장할 수 있는 기회를 발견하는 것이다.

스포츠 어워드 만찬에서 만나 그녀에게 주당 10시간의 계약직을 제안한 사람은 바로 나였다.

> 브렌던과 함께 일하기 시작했을 때 제 기억력은 여전히 좋지 않았습니다. 저는 잊어버리지 않기 위해 그가 지시하는 모든 내용을 받아 적었습니다. 브렌던의 회사는 매우 빠르게 돌아가고 있었고, 저 역시 빠르게 적응하기 위해 노력해야 했습니다. 제가 설정한 목표를 달성하는 데 집중하다 보니 생산성을 높이기 위한 새로운 신경 경로를 구축하게 되었습니다.

아만다는 '내가 나의 일과 연결되어 있다고 느끼거나 나의 일이 영향력 있는 일이라고 느껴지면 생산성은 자연스럽게 높아질 것'이라는 사고방식을 갖게 되었다.

저는 우연은 없으며 뇌진탕이 제 앞길을 가로막은 데는 이유가 있다고 믿습니다. 그 덕분에 뇌의 신경 회로를 재구성하여 지금의 저를 만들 수 있었습니다.

이것이 바로 두려움 없는 리더의 마음가짐이다.

'어떻게 하면 더 잘할 수 있을까?'를
끊임없이 질문하라

각자가 리더십을 발휘하는 길에는 수많은 도전이 있으며, 때로는 앞에 놓인 장애물을 극복하기 위해 팀원들에게 새로운 시각을 갖도록 영감을 불어넣어야 한다. 어떤 때는 항상 해오던 방식에 사로잡혀 눈앞에 있는 분명한 장애물을 보지 못할 수 있다. 하지만 타이 쿨만은 그런 사람들과 달랐다.

3장에서 소개한 '리더 타이틀이 없이도 영향력을 발휘한' 타이 쿨만을 기억하는가? 타이를 타고난 인플루언서로 만들어준 자질 중 하나는 그의 마음가짐이며, 이 마음가짐은 그가 어떤 도전도 극복할 수 있는 주된 이유다.

이쯤 되면 모든 두려움 없는 리더의 공통점을 발견할 수 있을 것이다. 그들은 강력한 리더의 자질을 삶 전반에 걸쳐 체화하고 활용한다. 나는 여기서 도전을 극복하는 타이의 능력에 초점을 맞추고 있지만, 영감을 불어넣고, 영향을 미치며, 성장해나가는 그의 능력에 대해서도 이야기하지 않을 수 없다. 두려움 없는 리더십은 종합선물 세트와 같다.

내 경험에 따르면 타이는 항상 고객에게 더 나은 서비스를 제공하는 방법을 고민하고 그에 대한 새로운 아이디어를 가지고 회의에 참석하는 사람이었고, 회의의 시작을 알리는 사람이기도 했다. 그는 종종 이렇게 말했다. "다음 주에 QBR^{분기별 사업 검토}이 있으니 미리 살펴보면 좋을 것 같습니다. 저는 같이 나누고 싶은 아이디어가 세 가지 있습니다."

'어떻게 하면 더 잘할 수 있을까?'를 끊임없이 질문하는 타이의 마음가짐에는 전염성이 있었고, 그가 낸 아이디어는 테이블에 있는 다른 사람들의 아이디어를 자극해 고도의 시너지 효과를 만들어냈다. 팀이 중요한 고객 문제를 해결하는 데 큰 도움이 되었던 타이의 일화를 소개한다.

저는 경영관리팀에서 가장 중요하면서도 가장 불만이 많은 고객사를 담당하고 있었습니다. 그 회사는 대규모 기술 제조업체였는데 그들에게 우리는 소위 말하는 '업계 최악'으로 간주되었습니다. 실적은 끔찍했고, 그들은 QBR을 하면서 테이블을 주먹으로 두드리며 우리가 얼마나 형편없는지, 경쟁사가 얼마나 더 나은지에 대해 열변을 토했습니다. 그 두 시간은 두들겨 맞기만 하는 매우 불편한 시간이었습니다. 하지만 약 8개월 만에 우리는 업계 최악에서 업계 최고가 되었습니다. 그들의 태도는 180도 바뀌었고, 1년 반 후 우리는 올해의 협력업체로 선정되기도 했습니다. 이러한 변화는 정말 기쁜 일이었고, 좋은 팀원들이 함께하지 않았다면 불가능했을 것입니다.

그렇다면 타이와 그의 팀은 어떻게 단 8개월 만에 가장 만족도가 낮은 고객을 가장 만족도가 높은 고객으로 바꿀 수 있었을까? 그 비결은 수많은 자료와 데이터를 수집하고, 그것을 바탕으로 자신이 속한 집단의 단점을 찾아내고, 그 단점이 어떻게 나쁜 성과로 이어졌으며 어떻게 시정 조치를 소홀하게 했는지 파악한 것이다.

제가 취한 첫 번째 조치 중 하나는 일상적인 서비스 제공을 담당하는 그룹을 QBR에 참석하도록 한 것이었습니다. 저조한 실적에 대한 책임이 있는 이들이 회의에 참석하지 않는 것이 이해가 되지 않았고, 문제를 해결하려면 왜, 어떻게 그런 일이 발생했는지 알아내야 한다고 생각했습니다.

책임 당사자들은 회의에 참석하기를 꺼렸습니다. 그들은 고객이 우리에게 쏟아내는 부정적인 피드백을 듣고 싶어하지 않았지만, 자존심을 내려놓고 자료와 데이터를 살펴보고 함께 문제를 해결할 계획을 세우는 데 동의했습니다. 협업은 성공적이었습니다. 책임을 진 팀을 회의에 참석하도록 한 것처럼 문제를 해결한 팀도 우리가 업계 최고라는 찬사를 받고 올해의 협력업체 상을 받을 때 그 자리에 참석하도록 했습니다.

타이는 리더로서 자신의 역할을 잘 알고 있었다. 위의 상황에서 그의 역할은 문제를 찾고 그것을 해결하는 일이 아니었다. 모든 필수 구성원을 한데 모으고, 팀과 고객의 두려움·불확실성·의심을 해소하며, 대화를 통해 긍정적인 변화를 이끌고, 마지막으로 그의 팀이 잘해냈음을 인정해주는 것이었다.

성공적으로 팀을 이끌기 위해서는 원칙을 바탕으로 일해야 합니다. 어떻게 자기관리를 하고 있으며, 어떤 가치와 비전을 가졌는지, 매사 모범을 보이고 주목받을 때와 그렇지 않을 때의 행동이 똑같은지 자문해야 합니다. 원칙을 세우고 그것을 기반으로 사람들을 감화시켜야 합니다. 그들이 여러분과 같이 일하고 싶은 마음이 들도록 말입니다.

> **마음을 열어 영감을 얻고, 자신이 통제할 수 있는 것과 통제할 수 없는 것을 인정하고, 용기와 힘을 내어 장애를 극복하고, 앞으로 나아갈 길을 찾아라.**

팀에 비전과 가치를 공유하는 두세 명의 직원만 있으면 그들이 또 다른 사람들을 감화시킬 수 있기 때문에, 신화는 가속화를 이끄는 요소입니다. 강력한 리더의 또 다른 중요한 요소는 다른 사람들을 코칭하고 자신도 기꺼이 코칭을 받고자 하는 의지입니다. 리더는 다른 사람들이 잠재력을 발휘할 수 있도록 지지하고 격려하고 이끌어주어야 하며, 다른 사람들이 제시하는 아이디어와 생각을 열린 마음으로 받아들이는 친근하고 겸손한 마음을 가져야 합니다. 저는 제가 놓친 부분이 있다면 팀원들이 저에게 말해주기를 바랍니다. 그리고 마지막으로, 팀원들의 성과에 감사를 표하고 힘껏 축하해주세요.

자신이 이끌고 있는 사람들에게 관심을 기울이사. 그들이 비틀거리고 있다면 손을 내밀어 길을 찾도록 도와주자. 만약 자신이 두려움 없는 리더로 가는 길에서 비틀거리고 있다면 멘토의 지도를 통해 길을 찾거나, 아만다처럼 마음을 열어 영감을 얻고, 자신이 통제할 수 있는 것과 통제할 수 없는 것을 인정하고, 용기와 힘을 내어 장애를 극복하고 앞으로 나아갈 길을 찾아야 한다.

더 나아지기 위해 꾸준히 성장하기

최고의 날은 금방 지나가버린다

이제 우리는 미래를 내다보고 지속적인 성장 습관을 만들기 위해 필요한 질문을 던진다. 어떻게 하면 더 나아질 수 있을까? 성장 마인드가 없고 어느 정도 경지에 올랐다는 생각을 하게 되면 자신이 알고 있는 지식과 기술로도 충분하다고 느끼게 된다. 더 나아지기 위한 노력을 멈추면 주변 사람들은 계속해서 기술 역량을 넓히고 성장하는데 자신은 제자리에 머무르다가 곧 뒤처지기 시작한다. 성공했다고 생각한 순간 당신에게 올 최고의 날은 이미 지나가버렸을 수 있다. 현재의 역량보다 더 높은 직책에 도전하여 성장의 기회로 활용하자.

처음으로 CEO가 되었을 때 가장 먼저 든 생각은 '내가 해냈어'였다. 그 목표를 위해 열심히 노력해왔기 때문이다. 그러다 갑자기 '이런, 내가 너무 준비가 안 되어 있구나'라는 생각이 들었다. 인사·재무·법률·마케팅·영업·운영·기술 등 다양한 분야에서 질문이 쏟아졌지만 나는 7개 분야 중 3개 분야에 대해서만 알고 있었다. "브렌딘, 올해 유급휴가 정책을 업데이트해야 하는데 이에 대해 의견이 있으신가요?"라는 질문을 받았을 때, 나는 그 정책에 대해 아무 생각이 없는 상태였다.

법무팀은 "브렌딘, 이 소송에 대처할 A, B, C 세 가지 방법이 있는데 당신이 결정을 내려주셨으면 좋겠어요. 어떤 방법을 추천하시나요?"라고 물었고, 그때도 역시 아무런 생각이 없었다. 교양 있는 결정은 기대하지 않는 것이 나았다. 나는 부당 해고에 대해 논의해본 적도 없었고, 전 직원을 위한 휴가 패키지를 고민해본 적도 없었다. 내가 이 역할을 맡기 전에 더 성장했어야 했다고? 그건 너무 약한 표현이다. 이 일을 계속하려면 100배는 더 성장해야 했다.

나는 사람들이 손쉬운 기회조차 잡으려 하지 않는 것을 항상 의아하게 생각한다. 머천트 플리트는 모든 직원에게 USC나 MIT와 같은 50개의 대학 중 한 곳에서 마이크로 자격증을 취득할 수 있는 기회를 주고 그 비용을 부담한다. 마이크로 자격증은 단기 학습 프로그램을 수강하고 획득하는 디지털 자격증으로 향후 해당 분야 기술 개발 및 학위와 연결시킬 수 있다.

매년 600명의 직원 중 300명 정도가 그 기회를 이용하고 있다. 이전보다는 훨씬 늘어난 수치여서 인사 담당자들은 매우 만족해하고 있지만, 나는 나머지 300명이 1년 중 20시간에 불과한 무료 과정을 수강하지 않는다는 사실이 여전히 놀랍다. 리더로서 다른 사람들이 성장하도록 격려하는 것뿐만 아니라 의도와 행동을 통해 성장 마인드의 모범을 보이는 것도 우리 역할이다.

개인적으로 나는 매년 이 프로그램을 활용하여 컬럼비아 대학에서는 혁신을, 펜실베이니아 대학에서는 디지털 마케팅을, 예일 대학에서는 다양성 증진을, MIT에서 신경과학 강의를 수강했다. 누구나 이 프로그램을 이용할 수 있다. 나는 강의를 들을 때마다 회사를 위한 '큰 아이디어'를 얻는다. 우리 모두에게는 성장할 수 있는 기회가 있다. 열린 마음만 있으면 된다. 여러분은 어떻게 성장하려는가?

리더십은 전염된다

서던뉴햄프셔 대학^{SNHU}의 총장 폴 르블랑^{Paul LeBlanc}은 항상 더 잘하고 더 나아지기 위해 노력하는 성장 마인드를 가진 리더의 전형과도 같은 사람이다. 그는 10년간 수익이 감소하던 미국 최악의 프랜차이즈를 인수해 1년 만에 50%의 성장을 거둔 리더다. 그는 성장을 받아들이고 모든 사람이 함께 성장할 수 있는 방법을 찾는 마법사 같은 사람이다.

몇 년 전 폴은 나에게 전략 계획 수립을 도와달라고 요청했다. 회의 중에 우리는 훌륭한 새 프로그램의 개발 가능성에 대한 이야기를 나누었다. 그때 폴이 학장 중 한 명에게 말했다. "다음 주까지 체계적인 피드백을 제공하는 이 파일럿 프로그램에 무료로 참가할 의향이 있는 학생을 열 명 찾아서 동의서를 받아주세요. 대신 그 학생들에게는 내년 등록금을 면제해주겠습니다."

나는 정말 놀랐다. 폴은 대학이 새로운 프로그램을 만들어 100명, 1,000명, 혹은 5,000명의 학생을 온라인으로 모집하고자 한다면, 이를 먼저 경험한 후 앞으로 진행해야 할 방향과 방법에 대한 실제적인 데이터를 제공해줄 10명의 학생이 필요하다는 걸 알고 있었다.

폴은 즉시 실행에 옮겼고 그의 이러한 성장 마인드는 팀에도 힘을 실어주었다. 흥미진진한 프로그램을 개발할 수 있도록 해줄 테니 등록금을 면제받을 10명의 학생을 찾아오라는 말을 들었다고 생각해보라. 담당자들은 벽도 뚫고 달릴 수 있을 것이다. 폴의 마법 같은 성장 마인드는 최첨단 파일럿 프로그램에 참여하고 등록금을 면제받기로 한 학생들에게까지 전염됐다. 나는 한 번의 회의에서 폴이 이런 식으로 영향력을 발휘하고 영감을 주는 것을 세 번 이상 본 적도 있다.

폴은 농담처럼 "내가 혁신이 느린 업계에 있기에 모든 일을 '내년에 하자'고 미루기를 좋아한다"고 말한다. 하지만 그의 성공 비결은 혁신적인 아이디어가 아니다. 혁신에 소극적인 사람들의 마음을 사로잡아 '안 될 이유가 없지 않아?' 혹은 '우리도 할 수 있어'라고 생각하도록 영감을 불어넣고 도전에 맞서도록 하는 능력이다.

그 결과 사람들은 그가 이끄는 곳이면 어디든 그를 따라나선다. 그가 대학을 위해 훌륭한 일을 하고 있다는 것을 알기 때문에 사람들은 그를 위해 일하고 그와 함께 일하고 싶어한다. 폴의 리더십은 SNHU에만 영향을 미치는 것이 아니다. 그는 미국과 전 세계의 전통적인 중등 교육 개념에도 도전하고 있다.

저는 종종 우리가 대학 진학이 보장되지 않는 사람들을 위한 대학이라고 말합니다. 그런 사람은 부모님이 뉴잉글랜드에서 작은 구멍가게를 운영하는 이민 1세대 대학생일 수도 있고, 풀타임으로 일하면서 두 아이를 키우는 싱글맘일 수도 있습니다. 또는 자녀가 미국 대학에 가서 공부할 수 있도록 가족의 전 재산을 끌어모아 미국으로 보낸 유학생일 수도 있고, 대학 학위가 그 학생의 인생뿐 아니라 가족 모두의 삶을 바꿀 수 있는 유일한 길인 유학생일 수도 있습니다. 우리는 전 세계 사람들이 접근할 수 있는 교육 시스템을 만들고 있습니다.

SNHU는 고등 교육에 역량 기반 프로그램을 도입하는 데 앞 장서고 있다. 폴의 말을 들어보자.

우리 대학의 역량 기반 프로그램은 미국에서 처음으로 승인된 것으로, 기존의 교육 방식에서 크게 벗어나 있습니다. 기존의 교육 프로그램은 이번 과정, 다음 과정, 그다음 과정을 수강하고 각각에 대해 학점을 받습니다. 60학점을 이수하면 준학사 학위를 취득하고, 120학점을 이수하면 학사 학위를 취득합니다. SNHU는 학점이 학생의 엉덩이 힘을 반영하지만 실제로 얼마나 알고 있는지는 거의 반영하지 못한다는 사실에 착안하여, 역량을 기반으로 한 학위 프로그램을 구축했습니다.

우리 대학의 준학사 학위에는 120개, 학사 학위에는 244개의 역량이 있습니다. 우리는 역량을 의사소통 역량, 양적 추론 역량, 윤리 및 비판적 사고 역량 등으로 그룹화했습니다. 학생들은 숙달 정도를 보여주는 프로젝트를 통해 다음 역량으로 이동합니다. 만

약 어떤 수강생이 20년간 가업을 운영하며 회계를 다루어온 경력
이 있어서 수학에 관한 역량을 살펴보았더니 이미 해당 분야에 대
한 지식과 기술을 갖추고 있다는 결론이 나왔다고 가정해봅시다.
그렇다면 그가 대학 수학을 배우는 데 16주를 투자할 이유가 있을
까요? 그 대신 해당 분야에 숙달했음을 확인할 수 있는 프로그램
을 제공하면 됩니다. 고용주들은 지원자가 보충하고자 하는 자리
에 필요한 역량을 갖추고 있는지 파악할 수 있기 때문에 이 방법을
좋아합니다.

고용주가 실무에 바로 투입할 만큼 준비된 졸업생을 배출하는
고등교육기관의 능력에 대해 회의적인 시각을 갖는 시대에 살고
있습니다. 갤럽에서 시행한 한 유명 연구에 따르면 대학 학장의
93%는 졸업생이 첫날부터 바로 일할 준비가 되었다고 생각하는
반면, 고용주는 단 8%만이 그렇게 믿는다고 답했습니다. 엄청난
격차가 아닐 수 없습니다. SNHU는 역량 기반 프로그램을 통해 이
격차를 줄여나가고 있습니다.

나는 폴의 비전 있는 리더십이 끼친 기하급수적인 영향력을
계산조차 할 수 없다. 그는 모두가 그와 함께 성장하고 싶도록,
그리고 어디로 향하는지 보고 싶도록 만든다. 폴의 비전과 에너
지 넘치는 리더십에는 긍정적인 전염성이 있다.

내면의 잠재력을 끄집어내어
새로운 방식으로 성장하기

오랜 시간 자신의 업무방식에 갇혀 헤어나오지 못했던 이가 있다. 회사의 그 어떤 직원도 그가 변화한 모습으로 지금의 일을 계속할 수 있으리라고 생각지 못했다. 이제 그 남자의 이야기를 시작하려고 한다. 그가 새로운 방식으로 성장할 수 있으리라고 생각한 이는 정말이지 아무도 없었다.

필Phil은 뛰어난 영업사원이었고, '에스키모에게도 얼음을 팔 수 있는' 사람이었다. 그는 회사에 있는 1,200명의 영업사원 중 두 번째로 실적이 좋았다. 연간 7,500만 달러의 매출을 올렸고, 고객들은 그를 매우 마음에 들어했다. 그래서 그가 해고될 것이라는 소식을 들었을 때 나는 깜짝 놀라 "잠깐만, 이게 무슨 일이야?"라고 말할 정도였다.

나는 그의 직속 상사를 제외한 모든 사람과 이야기를 나누었다. 그리고 운영팀, 고객지원팀 등 회사의 모든 직원이 그와 함께 일하기 싫어한다는 사실을 알게 되었다. 그는 회사 내 모든 사람에게 완전히 나쁜 사람이었다. 그의 관심은 오로지 고객에게 제안서를 전달하고 판매를 성사시키는 것뿐이었고, 그 과정에서 다른 사람을 깎아내리는 것도 개의치 않았다. 이런 일이 수

년 동안 지속되면서 모두가 지칠 대로 지친 상태였다. 직원들의 말대로 그 누구도 필이 해왔던 방식으로 대우받아서는 안 된다. 나는 필이 자신의 무례한 행동을 인지하고 있는지 궁금했다. 그는 나보다 몇 단계 아래 직급이었지만, 나는 그와 솔직한 대화를 나누기 위해 비행기를 타고 그를 찾아갈 만한 가치가 있다고 판단했다.

나는 그와 저녁식사를 하며 단도직입적으로 말했다. "필, 당신은 해고될 거예요."

"네? 뭐라고요? 그건 말도 안 됩니다. 누구 마음대로요. 저는 우리 회사 최고의 영업사원입니다." 필이 반박했다.

"누구도 당신이 뛰어난 영업사원이라는 사실을 부정하지 않을 거예요. 조직 밖에서 보면 당신은 마치 마법을 부리는 것 같죠. 저는 당신과 통화도 해보고 당신이 고객과 함께 있는 모습도 봤어요. 당신은 누구나 좋아할 만한 사람이고 신사답고 친절하며 상대방의 말을 경청하죠. 하지만 사무실에서의 당신은 악마 그 자체예요. 모두에게 멍청하다고 말하죠. 당신이 신경 쓰는 건 고객뿐이고 다른 사람은 안중에도 없어요." 내가 말했다.

"하지만 저를 위해서 그러는 게 아니잖아요. 고객을 위한 거라고요." 그가 주장했다.

"아무도 당신을 돕고 싶어하지 않으면 당신은 더 이상 고객에게 지금처럼 다가갈 수 없어요. 당신이 제안서를 만들고 협상을 성사시키려면 30명의 도움이 필요하지만, 지금 회사에는 당신을 도와주고 싶어하는 사람이 단 한 명도 없어요. 당신은 섬에서 쫓겨난 거예요."

그는 큰 충격에 빠졌다. 그는 자신에게서 슈퍼스타 프로듀서와 고객을 돕는 영웅의 모습만 보았던 것이다. 그것만으로는 충분하지 않다는 것을 스스로 인식하지 못했다. "제가 어떻게 하면 좋을까요?" 그가 물었다. "저는 회사를 사랑하고 제가 하는 일을 사랑합니다. 이 상황을 바로잡기 위해 할 수 있는 일이 있다면 무엇이든 하겠습니다. 알려만 주시면 당장 오늘 밤에라도 실행에 옮기겠습니다."

"제가 원하는 건 안에서든 바깥에서든 같은 모습이 되는 것이기 때문에 오늘 밤만으로는 안 될 거예요. 밖에서는 훌륭한 리더면서 안에서는 망나니 같은 관리자가 되어서는 안 돼요. 고객을 대할 때와 마찬가지로 팀원들에게도 훌륭한 리더가 되어야 합니다."

"하지만 업무 기한을 지키지 못하면요?" 그가 물었다. "팀원들은 기한을 지킬 거예요. 당신의 팀원들은 존중과 감사를 받을 자격이 있는 좋은 사람들이에요."

우리는 필이 어떻게 하면 가장 체계적으로 변화할 수 있을지 전략을 세웠다. 이건 '팀원들에게 도넛을 사주는' 식으로 해결할 수 있는 문제가 아닌 필의 개인적인 성장을 요하는 문제였다. 그는 모두를 대할 때 의식적으로 외부에서의 자기 모습으로 대해야 했다. 그리고 그는 그 일을 해냈다. 자신을 낮추고, 팀을 이끄는 훌륭한 리더로 성장한 것이다. 이러한 성장은 그가 변화의 필요성을 크게 깨닫고, 새로운 접근방식을 어떻게 실행하는 것이 좋을지 전략을 세우고, 필이 아니어도 팀원들이 기한을 맞출 수 있을 것이라는 믿음을 가지고 도약했기 때문에 가능했다.

필의 성장 과정에는 겸손, 용기, 감성지수, 그리고 영향력이 필요했다. 나는 두려움 없는 리더의 특성을 몇 가지 더 나열할 수 있지만, 요점은 두려움 없는 리더가 되기 위해서는 여정의 다양한 순간에 우리가 이야기했던 모든 특성을 적절히 활용할 수 있어야 한다는 것이다. 두려움 없는 리더십은 획일적인 접근방식이나 정형화된 궤도를 가지고 있는 것이 아니다. 필요한 특성을 의도적으로 개발하고 그것을 지속적으로 활용하는 것이다.

나는 필의 성장이 자랑스럽다. 하지만 그보다 더 중요한 것은 그의 이야기가 우리 내면에는 특별한 능력이 잠재되어 있으며, 선한 의도로 내면에 있는 힘을 활용하고 두려움 없이 행동하는 방법을 꾸준히 익히면 된다는 것을 일깨워주었다는 사실이다.

진정한 나를 찾아

지금까지 이 책과 함께해준 여러분에게 깊은 감사를 전한다. 이제 여러분은 두려움 없는 리더가 되기 위한 여정을 떠날 준비가 되었다. 혹은 이미 다음 단계로 나아갈 준비가 된 리더인지도 모르겠다. 어느 쪽이든 나는 여러분과 여러분의 리더십, 그리고 더 중요하게는 여러분이 주변 사람들에게 미칠 영향력이 몹시 기대된다.

우리 모두는 각기 다른 인생의 어느 한순간에 자신만의 리더십 여정을 시작하고 성장한다. 차세대 리더인 앤디와 대니엘 자매는 주변 상황 덕분에 리더가 되었지만, 성공을 갈망했기 때문에 이미 성공한 리더들의 조언에 귀를 기울이고 기꺼이 그것을 행동으로 옮겼다. 그 결과 더 나은 사람이 되기 위한 도전을 멈추지 않는 두려움 없는 리더로 성장할 수 있었다.

고정관념에 사로잡혔던 존 카일은 위험을 회피하는 리더십 스타일을 고수하다가 회사가 성장할 엄청난 기회를 놓치고 말았다. 그러나 무엇이든 할 수 있다고 믿는 직원들과 함께 신규 사업에 도전하면서 두려움 없는 리더가 되는 일에 마음을 열었다. 결국 존은 어떠한 계획이나 안전장치 없이도 90일 만에 차량 3,000대를 확보했다.

도전적인 리더인 잭 브라운은 노련하며 두려움을 모른다. 맥라렌 레이싱팀과 함께 중대하고도 장기적인 도전에 뛰어들었으며, 수많은 역경을 딛고 팀을 승리 궤도에 올려놓았다.

발전형 리더인 아만다 로저스는 라크로스 경기에서 선수로 뛰던 시절에도 언제나 배우고 발전을 거듭해 더 나은 리더가 되기 위해 노력했다. 심각한 건강상의 문제를 겪었지만, 오히려 그 일을 더 나은 리더로 거듭날 기회로 삼은 두려움 없는 리더다.

여러 리더의 사례를 살펴보면 두려움 없는 리더십이 획일적인 접근방식이나 정형화된 궤도를 갖고 있지 않다는 사실을 발견할 수 있다. 두려움 없는 리더가 되려면 다음과 같은 노력을 기울여야 한다.

- 자신뿐만 아니라 자신이 이끄는 사람들의 두려움·불확실

성·의심을 해소하기 위해 노력한다.

- 매일 리더의 역할을 다하고 사람들에게 리더십의 순기능을 공유한다.
- 강인함·용기·신념·봉사·겸손·리더십이라는 가치를 구현하고 모범을 보인다.
- 명확한 비전을 제시하고, 도전적이면서도 달성 가능한 목표를 설정하며, 결과를 도출할 수 있는 간결한 시스템을 구축함으로써 리더의 영향력을 발휘한다.
- 브랜드·관계·커뮤니케이션·감성지수·영향력을 진정성 있게 발전시키고 지속적으로 개선함으로써 모든 이해관계자, 직원, 투자자, 고객, 공급업체와 의미 있는 방식으로 협력한다.
- 차세대 리더, 고정관념에 사로잡힌 리더, 도전적인 리더, 발전형 리더를 코칭하고, 멘토링하고, 양성하여 이들이 리더가 되도록 이끈다.
- 준비하고, 도약하고, 극복해야 하는 순간을 인식함으로써 두려움 없는 리더가 되기 위한 여정을 시작하고 한 인간으로서, 전문가로서, 리더로서 계속해서 성장해나간다.

이 책에서 제시한 방법을 통해 두려움 없는 리더로 성장하고 영감을 얻은 사람은 수천 명에 달한다. 여러분도 그들 중 한 명이 될 수 있다.

다른 사람이 될 필요는 없다. 나만의 방식으로 진정성 있게 나를 표현하는 것만으로도 충분하다. 나의 가치관과 열정이 이끄는 곳으로 나아가자.

──────────────── **1장** ────────────────

1. Dr. Margie Warrell, "Afraid of Being 'Found Out?' How to Overcome Imposter Syndrome," Forbes, April 3, 2014, https://www.forbes.com/sites/ margiewarrell/2014/04/03/impostor-syndrome/?sh=68191d2b48a9.

2. Mentoring Month, "President Bill Clinton - On Mentoring Interview & Self-Doubt," YouTube, October 18, 2013, https://www.youtube.com/watch?v=uGE5Y3fJkfY.

3. Vivian Giang, "8 Female Leaders on How to Overcome What's Holding Women Back," Fast Company, September 10, 2014, https://www.fastcompany. com/3035478/8-successful-women-leaders-on-how-to-overcome-whats-holding- women-back.

4. Vanessa LoBue, PhD, "How We Learn to Be Afraid," Psychology Today, October 2020, accessed February 2, 2022, https://www.psychologytoday.com/us/blog/ the-baby-scientist/202010/how-we-learn-be-afraid.

5. "McLaren - Year by Year," Formula 1, accessed April 1, 2022, https://www.formula1. com/en/teams/McLaren/Year_by_Year.html.

6. Eudie Pak, "Walt Disney's Rocky Road to Success," Biography, updated June 17, 2020, accessed February 13, 2022, https://www.biography.com/news/ walt-disney-failures.

7. Jade Scipioni, "Traits That Help You Win at Anything, according to Michael Jordan's Trainer,' CNBC Make It, May 13, 2021, accessed February 14, 2022, https://www.cnbc. com/2021/05/13/michael-jordans-trainer-principles-for-winning.html.

8. "The Mind of Michael Jordan-Confidence," September 13, 2020, accessed February 14, 2022, https://www.youtube.com/watch?v=NauAxHkqAyA.

──────────────── **2장** ────────────────

9. Jim Ingraham, "Terry Francona Poised to Make Cleveland Indians History," July 22, 2021, accessed March 29, 2022, https://www.forbes.com/sites/jimingraham/2021/07/22/ terry-francona-poised-to-make-cleveland-indians-history/?sh=60c075bb13e8.

10. "Terry Francona," Baseball Reference, accessed March 29, 2022, https://www. baseball-reference.com/managers/francte01.shtml.

11. Bill Belichick Coaching Record," accessed March 29, 2022, https://pro-football- history.com/coach/21/bill-belichick-bio.

4장

12. Peter Skillman Design, accessed April 26, 2022, http://www.peterskillmandesign.com/#/spaghetti-tower-design-challenge/.

5장

13. The Zach King Team, accessed August 30, 2022, https://www.zachkingteam.com/ about.

6장

14. Hayden Bird, "Bill Belichick on his coaching philosophy, Kendrick Bourne's energy, and the 'Bills Mafia'," Boston.com, November 29, 2021, https://www.boston. com/?post_type=post&p=23765526.

15. Lauren Weber, "US Workers Report Highest Job Satisfaction Since 2005," The Wall Street Journal, August 29, 2018, https://www.wsj.com/ articles/u-s-workers-report-highest-job-satisfaction-since-2005-1535544000.

16. Steve Siegle, "The art of kindness," Mayo Clinic Health System, May 29, 2020, https://www.mayoclinichealthsystem.org/hometown-health/speaking-of-health/ the-art-of-kindness#:~:text=Good%20for%20the%20body,be%20healthier%20 and%20live%20 longer.

두려움 없는 리더십

1판 1쇄 2024년 3월 22일

지은이 브렌던 P. 키건
옮긴이 안세라

편집 정진숙   디자인 레이첼   마케팅 용상철
인쇄·제작 도담프린팅   종이 아이피피(IPP)

펴낸이 유경희   펴낸곳 레몬한스푼
출판등록 2021년 4월 23일 제2022-000004호
주소 35353 대전광역시 서구 도안동로 234, 316동 203호
전화 042-542-6567   팩스 042-718-7989   이메일 bababooks1@naver.com
인스타그램 bababooks2020.official
ISBN 979-11-986933-0-3 03320

레몬한스푼은 도서출판 바바의 출판 브랜드입니다.